MW01044710

Tâches d'encre

Tâches d'encre

French Composition

Fifth Edition

Cheryl L. Krueger
University of Virginia

Maryse Fauvel
College of William and Mary, Emerita

CENGAGE

Australia • Brazil • Canada • Mexico • Singapore • United Kingdom • United States

Tâches d'encre: **French Composition,
Fifth Edition**
Cheryl L. Krueger and Maryse Fauvel

SVP, Higher Education Product Management:
Erin Joyner

VP, Product Management, Learning Experiences:
Thais Alencar

Product Director: Jason Fremder

Associate Product Manager: Lina Burvikovs

Senior Product Assistant: Natalia Perez

Learning Designer: Jarmila Sawicka

Senior Content Manager: Aileen Mason

Digital Delivery Quality Partner: John Lambert

IP Analyst: Ann Hoffman

IP Project Manager: Nick Barrows

Production Service: Lumina Datamatics

Art Director: Sarah Cole

Cover Image Source: Jose A. Bernat Bacete/Getty
Images

Last three editions, as applicable: © 2023, © 2017, © 2012

© 2023 Cengage Learning, Inc. ALL RIGHTS RESERVED.

No part of this work covered by the copyright herein may be reproduced
or distributed in any form or by any means, except as permitted by U.S.
copyright law, without the prior written permission of the copyright owner.

Unless otherwise noted, all content is © Cengage, Inc.

For product information and technology assistance, contact us at
**Cengage Customer & Sales Support, 1-800-354-9706
or support.cengage.com.**

For permission to use material from this text or product, submit all
requests online at **www.copyright.com.**

Library of Congress Control Number: 2021949898

ISBN: 978-0-357-65888-8

Cengage
200 Pier 4 Blvd.
Boston, MA 02210
USA

Cengage is a leading provider of customized learning solutions with
employees residing in nearly 40 different countries and sales in more
than 125 countries around the world. Find your local representative at
www.cengage.com.

To learn more about Cengage platforms and services, register or access
your online learning solution, or purchase materials for your course, visit
www.cengage.com.

Printed at CLDPC, USA, 12-21

Table des matières

To the Student

Tâches d'encre is an advanced composition text intended for students who have completed the equivalent of two years of college-level study of French. It can be used as the basis of study for one-semester or full-year courses.

The goal of the book is to improve your written expression as you grow more at ease with a variety of writing tasks. Writing can be considered both a process and a product. As a process, it involves a number of steps that often overlap: thinking, planning, revising, and editing. The written product is judged by the richness, appropriateness, and precision of its vocabulary and style as well as its grammatical accuracy. In this book, you will practice the writing process and acquire the tools to perfect the final product.

Goals of This Program

Tâches d'encre is a complete, process-oriented composition program. Its genre-based approach guides you through writing norms, conventions, and styles across registers and contexts while reviewing relevant grammar and vocabulary. *Tâches d'encre* also uses examples in each chapter to prepare you to write by reading and analyzing texts and images first. With this program, you build upon your existing knowledge of genre, style, and French grammar to bring sophistication to your written expression.

The goals of the *Tâches d'encre* program are twofold: improve the accuracy and content of your written expression, and reduce writing anxiety so you can write with more ease and less fear of feedback. *Tâches d'encre* was conceived with a variety of teaching contexts in mind, so it contains a wide range of exercise and writing formats for you and your instructor to use, including

- form-focused, teacher-initiated exercises
- partner and small-group creative and editing activities
- structured and free writing assignments for individual work
- Internet and extension activities cued in the textbook with further instructions online

You can do most exercises in class or as homework, allowing for flexibility in curricular organization and implementation across one or two semesters, in face-to-face and—with the new Cognero® activities—online courses.

Organization of the Text

Tâches d'encre provides a comprehensive overview of genre standards, conventions, and stylistics. The text contains eight regular chapters, a *Chapitre préliminaire,* two *Appendices,* and a *Lexique.* The introductory chapter *(Chapitre préliminaire)* reviews the writing process along with key tools and strategies that you need to write in French. *Chapitre 1* covers description through words (adjectives, adverbs, active verbs) and style (comparisons, metaphors, perspective). *Chapitre 2* discusses portraits, incorporating descriptive terms, varied expressions, and emphasis on certain sections of a phrase or sentence. *Chapitre 3* reviews the *compte rendu,* including typical format, nominal phrases, and how to avoid passive voice. In *Chapitre 4,* you will study narration, how to explain what happened when, and how to situate an event in time. *Chapitre 5* covers the essay, from basic argumentative structure to personal opinion and opposition. In *Chapitre 6,* you will study the *dissertation,* including transitions, present participles, and substantive infinitives for more elevated expression. *Chapitre 7* introduces the *commentaire composé,* including an analysis of poetry and rhetorical questions. Lastly,

Chapitre 8 covers business writing such as a CV, a job advertisement, and important formulas for correspondence. The *Appendices* close out the program with a review of a research project, literary tenses, and a French–English glossary.

New to This Edition

The Fifth Edition of *Tâches d'encre* features updates and revisions that focus on content currency, language, diversity, online course facilitation, and instructor support. There are also two new readings in this edition, as follows:

Chapter	New reading	Genre
5	Voltaire, *Traité sur la tolérance*	Essay
7	Jacques Prévert, *Familiale*	Poetry

Activities have been updated throughout the text to promote a more scaffolded experience. An all-new suite of instructor resources is also provided with the Fifth Edition (see *Additional Resources* for more details). Finally, the *Lexique* contains new words, including an overview of important *Connecteurs logiques* for you to consult as needed throughout the writing process.

Chapter Organization

Each chapter starts with an introductory passage describing a linguistic function or genre. This is followed by a discussion section *(Point de départ)* designed to help you start thinking about the subject of the upcoming model text and the genre or function it represents.

Your prewriting process starts with a fun creative writing task to help connect you to the material *(Écriture d'invention)*. This is followed by the first workshop *(Atelier d'écriture I)*. In this section, you plan out your writing task by creating an outline, an inventory of vocabulary, and a global structure. Additional vocabulary is provided in the next section *(Vocabulaire utile),* followed by exercises to practice these items. The model text, a writing sample by a Francophone author, represents the core of each chapter. The model text is preceded, where applicable, by a brief introduction to the author. As you read the model text, look for the characteristics of the genre or function under study in the chapter. Immediately after reading the text, you are asked several questions to analyze your reaction to the selection and verify your comprehension *(Réactions et compréhension)*. Next, you summarize and further reflect on the text in *Résumé et réflexions.* You conclude by analyzing the text organization *(Analyse structurelle)* and style *(Analyse stylistique)*.

Les actes de parole

This section presents and helps you practice expressions that support a genre or linguistic function. For example, when you write a portrait, you need expressions for describing. These may include adjectives (red-haired, short), adverbs (quickly), or comparisons (slow as molasses). When you narrate, you need to talk about time frames (yesterday, today, tomorrow) and chronological ordering (first of all, finally).

The exercises interspersed throughout this section give you a head start on your writing task by providing you with opportunities to practice new vocabulary in contexts similar to those of your final writing assignment.

Atelier d'écriture II

In this workshop, you enrich the draft you began earlier, incorporating the new vocabulary and expressions presented in *Les actes de parole.* At this point, you are encouraged to review common grammatical mistakes before revising your draft.

La stylistique

To engage and hold a reader's attention, you need to make your style as expressive as possible. This is accomplished through an interplay of vocabulary and structural variety. In this section, you are given a full range of expressions that allow you to avoid repetition, to create striking images, and to enrich your vocabulary resources.

As in *Les actes de parole,* the exercises within this section give you the opportunity to practice new elements in context.

Entraînez-vous!

These essays were written by English-speaking students from several colleges and universities in the United States. All these sample texts have been provided to give you an idea of how a finished assignment might look and to provide opportunities to analyze not only professional and literary writings (provided by the model text), but also the type of academic writing you are actually being asked to produce.

Atelier d'écriture III

In the third workshop, you revisit your draft and develop it further using the devices presented in *La stylistique.* When all three *ateliers* are complete, you will not have to face a blank page the night before your composition is due. Instead, you will approach the final writing project having articulated and organized many of your ideas.

Retouches

Finally, you are asked to refine your text using a five-step process: drafting, rereading, vocabulary consolidation, peer editing, and production of the final copy. Your instructor will give you further guidance for these steps. You will find the writing process of your final product surprisingly smooth after your thorough preparation.

Écriture libre

The goal of this section is to help you become as comfortable as possible with the writing process. You will be asked to write on a topic that is personalized. Write as much as you can, concentrating on content and trying to be as accurate as possible. At this point, it is more important for you to communicate your point of view than to worry unduly about linguistic errors. You should feel free to create a text of substantial length and high interest level for the reader.

Your journal

Most of the answers to exercises and shorter writing assignments in **Tâches d'encre** can be written directly in the textbook. Longer assignments, indicated by the symbol shown in the margin at left, should be written in a journal. Be sure to date each journal entry and include the text page from which the assignment was taken. Write on every other line or double-space your work. Leave wide margins so you will have plenty of room for corrections. If you hand-write your assignment, use only one side of the paper so that your work may be easily photocopied for group activities.

By keeping a separate journal, you will be able to have earlier drafts handy during the revision process so you can review your work and track your progress. You may also want to use this journal for any free writing you perform.

Dictionnaire personnel

Throughout the chapter, you are presented with new vocabulary to help you present your point of view, develop a richer descriptive palette, or sharpen your critical expression. Of this new vocabulary, you will be asked to record those words that seem especially useful in a *Dictionnaire personnel* that you keep as part of your journal. For this dictionary, you should select words that are used in frequently occurring contexts (for example, *avoir l'air ...*) or that relate to commonly discussed topics you would like to make part of your active vocabulary. Avoid rare or highly technical terms. You will probably want to list at least ten to fifteen words per chapter.

To create your dictionary, use the following headings: *Substantifs, Verbes, Adverbes et adjectifs, Prépositions et conjonctions, Expressions utiles.* Record entries under the appropriate heading. When you record your entries, include the gender for each noun; cite the verb in the infinitive form, including any preposition used to introduce a complement; and give both the masculine and feminine forms of adjectives. After each entry, note the chapter in which the word was first introduced. Here are some model entries to guide your work:

Substantifs:	la candidature (8)
Verbes:	s'agir (il s'agit de) (3)
Adverbes et adjectifs:	chaleureux(-euse) (2)

Your instructor may check your dictionary each time you turn in your journal. Commit these words to memory and try to practice them in future assignments to reinforce their use and meaning.

Additional Resources

The Fifth Edition of *Tâches d'encre* offers a complete suite of pedagogical resources. These include the *Tâches d'encre* textbook, which contains readings and exercises covering all the key skills associated with writing, such as brainstorming and prewriting, drafting, editing, grammar and style, and targeted reading to write.

Additional instructor and student resources for *Tâches d'encre* are available online. Assets include the following:

- **Instructor Manual,** with a chapter outline, activity suggestions, and PowerPoint® slide references
- **Transition Guide,** outlining changes and revisions made between the Fourth Edition and the Fifth Edition
- **PowerPoint® slides** for each chapter, with new activities and discussion questions
- **Online Activity and Test Bank** powered by Cognero®, with auto-graded comprehension questions and manually graded short writing prompts to enable online teaching and assessment
- **Individual Writing Survey** that students complete at the course outset, helping them understand their own strengths, weaknesses, and concerns as a writer
- **Editing Guides** for peer review and self-assessment to help students provide meaningful feedback on their own and others' work
- **Guide to Teaching Online** with suggestions for teaching a writing course using *Tâches d'encre* in an online environment
- **Guide to Neutral Language** for students and instructors of French

Sign up or sign in at **www.cengage.com** to search for and access this product and its online resources.

Using the Editing Guides

The Self-Editing and Peer-Editing Guides, found on the *Tâches d'encre* Instructor and Student websites, are designed to complement the multiple-draft writing process. The guides draw attention to features such as organization, articulation, and development of an argument, reader needs, and grammatical and lexical accuracy.

The goal of the Self-Editing Guide is to help you focus your own rereading and revising process. It should be downloaded before you prepare the *Retouches* section. You should revise your first draft in light of the organizational, linguistic, and editorial points queried in the guide. The *Retouches* should then incorporate these corrections. Your instructor may wish to collect the Self-Editing Guide to gain additional insight into your writing process. They may also wish to wait to assign Part B: Proofreading until the final draft is due or to reassign it at that point.

The Peer-Editing Guide focuses primarily on clarity and content. While peer editors will be asked to point out obvious areas that may need attention on a proofreading grid, it is ultimately up to you as the writer to verify your own grammar and spelling. When this focused self-editing stage is followed by a peer-editing review, you know that your work will be read by more than one person, which may lead you to think more specifically about the needs of your audience. At the same time, peer editing allows you to take a careful look at how others handle writing assignments, increasing your awareness by casting you in the role of active, critical reader. Your instructor may wish to adjust the Self-Editing Guide and the Peer-Editing Guide to target the needs and goals of specific courses and writing assignments. When used together, the Self-Editing Guide and Peer-Editing Guide should be coordinated so that the student/writer and student/reader focus on the same aspects of the writing sample.

About the Authors

Cheryl Krueger is associate professor of French at the University of Virginia, where she teaches a variety of undergraduate and graduate level courses on French language, literature, culture, and cinema. She has served as chair of the Department of French Language and Literature and as director of undergraduate programs. In addition, she is part of the editorial board of *Dix-Neuf (Journal of the Society of Dix-Neuviémistes),* has served on the AAUSC editorial board and is an elected member of the MLA's 19th-Century French Literature Division Executive Committee. Krueger is author of *Perspectives on Teaching Language and Content* (Yale University Press, 2020) and *The Art of Procrastination: Baudelaire's Poetry in Prose* (University of Delaware Press, 2007); editor of *Approaches to Teaching Baudelaire's Prose Poems* (MLA, 2017); and co-author of *Mise-en-scène: Cinéma et lecture.* Her articles have appeared in such journals as *Dix-Neuf, French Forum, Foreign Language Annals, Literature/Film Quarterly, Modern Languages Open, Nineteenth-Century French Studies, Romance Notes, Women in French Studies* and *Littérature.* Krueger's current research focuses on 19th-century French literature and culture, French cinema, and the senses, olfaction, and perfume. Her interest in helping students find their voice in French developed over the many years she served as language program director at UVA. Her approach to teaching writing is informed by a combination of research in SLA and plenty of practice experimenting with new techniques and course design. Cheryl advocates the book's interactive, process-writing for writers at any level—from students just beginning to professionals writing for publication.

Maryse Fauvel is professor emerita in French and Francophone studies at the College of William and Mary, where she served as chair of the Department of Modern Languages and Literatures from 2013–2017. She has taught advanced writing courses as well as 20th-century French literature, women writers, French cinema, European cinema, literary theory, secrets and revelations, and ecocriticism. Her research areas include literature and the visual arts, cinema, contemporary women writers and filmmakers, postmodernism and postcolonial cultures. In addition to numerous articles, Fauvel published *Exposer l'autre: Essai sur la cité nationale de l'historie de l'immigration et le Musée du Quai Branly* (Paris: L'Harmattan, 2014); *À vous de voir: De l'idée au projet filmique* (Paris: Casteilla, 2010), co-authored with Martin and Martin; and *Scènes d'intérieur: Six romanciers des années* 1980–1990 (Birmingham: Summa, 2007). She received a B.A. and M.A. from CAPES Université de Paris and an M.A. and Ph.D. from the University of Wisconsin.

Acknowledgments

We would like to express our gratitude to Bendi Benson Schrambach who participated in reviewing and updating content within this edition. Her authorship and expertise were crucial during every phase of the revision. We would also like to thank service project manager Flora Emanuel, copyeditor Severine Champeny, and proofreader Paula Andrea Orrego Ríos for their invaluable perspective and feedback.

Our thanks also go to the members of the editorial staff at Cengage who supported this revision. We would like to especially thank Subject Matter Expert Kate Kremers, Senior Content Manager Aileen Mason, and Learning Designer Jarmila Sawicka whose careful work and editing helped us successfully complete this project.

The authors thank the following students for generously contributing sample texts: Julie Baldwin, Severine Fumoux, Meghan Lynch, Stephanie Meyer, Jacqueline Nalle, Jessica Oberst, Aurore Portet, Katie Riche, Matthew Wendeln, and Vesselina Zeliazkova.

In addition, we would like to acknowledge the contributions of the following colleagues who reviewed the manuscript at various stages of development.

Gayle Levy – University of Missouri-Kansas City

Patrick Kiley – Presbyterian College

Hannah Wegmann – University of Maryland

Ying Wang – Pace University

Rabia Redouane – Montclair State University

Ian Curtis – Kenyon College

Sophie Hand – North Central College

Matthieu Dalle – University of Louisville

Nicola Work – University of Dayton

Debra Rush – East Carolina University

Cheryl L. Krueger
Maryse Fauvel

Chapitre préliminaire

Vers la composition

The process of writing

Individual writing survey

Writing probably plays a more important role in your personal, academic, and professional life than you realize. The questions in the Individual Writing Survey (found online) are designed to bring to light your feelings about writing and its role in your academic career and beyond. Please take a moment and complete the Individual Writing Survey.

 Compare and discuss your answers from the survey with a classmate and share your ideas with the entire class.

Getting started

As the Individual Writing Survey demonstrates, the writing process starts well before you set out to accomplish a particular writing task. If you have not tried to approach writing as a process before, this is your chance. Your instructor will determine how many drafts you should turn in, but remember that in the long run you will benefit from rewriting and rereading your work as often as you can.

Your personal writing style

We often think of writing as a finished product: a creative composition, an essay, a term paper, an exam section. For this reason, writers often feel overwhelmed by what seems to be an insurmountable task. Indeed, the prospect of turning a blank page or screen into a completed paper or composition in just one sitting is enough to panic the most confident student. Add to this the difficulties of expressing thoughts in a second language, and it is no wonder writing in French sometimes appears to be a forbidding challenge.

The first step to better writing is to devote your attention to the process that leads to the final, polished product. Whatever your personal approach to writing, research shows that certain techniques will help you write better and more easily in French as well as in your native language. Writing, like playing a musical instrument or succeeding in a sport, takes practice. It helps a great deal to study music theory and to read about running form, but as you probably know from experience, if you don't actually play the piano or run those miles, you will not perfect the skill. The same goes for writing. To write better and more easily, you should write often. If you are studying French literature, try keeping a journal of your reactions to each selection you read. Or keep a daily journal in French, just for yourself. Write to express your ideas or to record events, without worrying about proper grammar and spelling.

As the Individual Writing Survey demonstrates, no two writers handle the writing task in exactly the same way. You may like to do all of your writing on a computer or another electronic device. Perhaps you feel more in touch using pen and paper until the final draft. You may need silence, relaxing music, solitude, or the sensation of people working around you. Continue to indulge in whichever habits and rituals make the writing process more pleasant for you, as long as they are not veiled procrastination devices.

Writing drafts and editing your work

If you are writing for an audience—a teacher, fellow students, colleagues—you will have to check vocabulary, grammar, and spelling. Naturally, this editing stage will take more time in French than in your native language. This does not mean, however, that you should check each word as you write. Instead, devote the first drafts of your papers and compositions to recording and organizing your thoughts. Concentrate on developing your ideas, stating them clearly, cleverly, convincingly, or attractively, depending on the task. Check grammar and spelling once you are satisfied with the content and organization.

Successful writing begins with prewriting activities. Written notes and outlines work as scaffolding: gradually the spaces are filled in, covered, and polished. Unlike an architectural structure, a written text—particularly one composed on a computer—may be easily transformed. Don't be afraid to revise and improve your outline as you go along. And above all, write every list, every outline, every draft, in French. As you probably know by now, translating sentences directly from English usually leads to stilted, often incomprehensible written French.

Rethinking, rewriting, reformulating

Research shows that successful writers not only work with outlines and drafts, but that they also frequently rethink, reformulate, and revise their sentences. Many of the activities in this book are designed to help you rewrite your work in this way.

Rereading your work

Part of the writing process involves putting yourself in the place of the eventual reader. Take some time between rewrites to read over your work objectively. Underline sentences you may need to rework later. Make notes to yourself; indicate words you need to look up in French. Successful writers reread their work often.

Peer editing

You may wish to exchange your work with a classmate to seek feedback on your writing. This activity has several advantages: by responding to your peer's comments about form and content, you will be able to communicate more effectively with them and your eventual audience. You will receive concrete advice to help you refine your drafts and aid you in the self-editing process. Conversely, as you read a classmate's work, you will be able to take a careful look at how others handle writing assignments. When you assume the role of an active, critical reader, your reflections will help you improve your own writing.

Resources

The most valuable resource for writing is your own knowledge of the French language and the writing process. Do not underestimate your ability to write in French. You can already express many advanced-level concepts. Do not expect, however, to write with equal depth of expression and ease as in your native language. Although these abilities will develop in time, this expectation may lead you to become too ambitious in your writing. The danger here is that you may abandon composing and resort to translating. As you work your way through the text, you will find that performing all the activities in the chapter, in particular the pre-writing activities, will provide you with most of the vocabulary and structural tools necessary to produce a clear and well-organized essay that will hold a reader's attention.

You may occasionally need to use vocabulary that you have not yet learned. The most helpful print and/or electronic resources for writing are:

- a bilingual (French–English/English–French) dictionary
- a French–French dictionary
- a dictionary of synonyms
- a reference grammar

But before consulting these resources, think of alternative ways of expressing the idea in English. Use synonyms or paraphrases that may lead you to think of possible equivalents in French. For example, if you wish to say that you are "eager" or "anxious" to undertake a project, reflect on the sense of these two words. Do you mean "ready"? "impatient"? "fearful"? "enthusiastic"? Decide and then choose from *prêt(e)*, *impatient(e)*, *avoir peur de*, *enthousiaste*, or other French expressions that convey the desired nuance.

Using a bilingual dictionary

Whether in print or online, bilingual dictionaries vary in scope and quality. A good dictionary will transcribe the pronunciation of a word in phonetic symbols; identify parts of speech; give gender; provide feminine and plural forms where not predictable; identify the context and register for alternative equivalents; and, contain brief observations on form and usage. Hard-bound dictionaries may also include verb tables and a short reference grammar. Your instructor can recommend some useful titles and websites to you.

When you look at a bilingual dictionary entry, note carefully the *part of speech*, *context*, and *register* of the alternatives suggested to you. For example, if you look up "anger," you may find the following entry:

anger: n. colère *f.*; courroux *m.*; fureur *f.*

v.tr. mettre en colère, énerver, rendre furieux

In order to choose an equivalent, you will first have to determine whether you want to use the noun "anger" or the transitive verb "to anger."

Once you have determined the part of speech you need, consider the alternatives. What is the difference in meaning between *colère*, *courroux*, and *fureur*? In order to determine this difference, look up each word in the French–English part of the dictionary until you have found the one that best corresponds to the sense you wish to communicate. Doing this, you will find:

colère: anger, loss of temper

courroux: wrath, ire

fureur: rage, fury

At this point, your choice may be clear. However, should you still have doubts as to the best equivalent, you will need to turn to a French–French dictionary.

The French–French dictionary

A French–French dictionary—in print or online—will define a word in French and give the parameters of its usage illustrated by examples. Using the same examples, you might find the following listings in an online French–French dictionary.[1]

> **colère:** Irritation violente accompagnée souvent par l'agressivité; *coup, crise, mouvement de colère. Être rouge, pâle de colère; suffoquer, trembler, bouillir de colère. Faire des colères.*

> **courroux:** *Littér.* Irritation véhémente. Vive colère «*Ce mot qui, chez nous, exprime le courroux, le désespoir, la rébellion.*» (DUHAMEL) «*La justice est souvent le masque du courroux.*» (DE ROTROU)

> **fureur:** Colère extrême. *Littér.* Passion pour quelque chose: *La fureur de vivre.* Violence: *La fureur de l'ouragan...* (From www.larousse.fr)

These entries give a much clearer idea of the range in meaning and usage of these three words. In particular, you will find that *courroux* is a literary form. In addition to the indication *littér.*, passages from Duhamel and De Rotrou are used to illustrate its meaning. You will also find that *fureur* has both literary and non-literary meanings.

Tools for refining your language

As you gain confidence in your writing, you may wish to explore more nuanced lexical choices. Online dictionaries provide links to idiomatic expressions, quotations, synonyms, homonyms, and usage difficulties which will allow you to do this and more. For example, clicking on the *synonymes* link will provide you with a list of alternative expressions similar to what you might find in a hard-bound dictionary. These may be used to avoid repetition of the same word as well as create variety in your writing just as a synonym dictionary would. However, upon close inspection, you may note that these words are not entirely interchangeable. In these cases, you will need to pin down the nuances among the synonyms with a French–French dictionary to be sure that you have chosen a word that conveys the correct meaning.

Register, or level of speech, is another important criterion in your choice of expression. You would most likely not use the literary form *courroux* in your academic writing. Moreover, you might wish to avoid *rogne,* unless you are producing or creating a speech event in the familiar register. To explore the larger context of these or other near synonyms, enter the noun in the search box. Once you have obtained the initial definition, click on the *citations* tab, if one is present. Explore the occurrence of the word among various authors, and note the dates of their work. Your goal is to choose the strongest expression that represents the meaning you intend to convey.

A reference grammar

In your editing, proofreading, correcting, and revising, a reference grammar is indispensable. Check a reference grammar when you have questions about verb conjugations, rules for adjective and past participle agreement, pronoun usage, etc. You may wish to establish a checklist of areas in which you have experienced difficulties and systematically check these items in a reference grammar.

---

[1]Widely used online dictionaries include: www.larousse.fr, www.le-dictionnaire.com, and www.linternaute.fr. As these URLs may change, look under the main entries.

Translation software

Be very careful using software that automatically translates from English to French (or vice-versa). Translation software cannot capture context. Therefore, it might provide a literal meaning when a figurative meaning is required. It might also introduce errors in register or fail to produce a nuanced expression. The results of automatic translation can be strange and comical.

To see this demonstrated, enter a line from an English-language literary work into a translating program. For example, you might enter the first clause of Edward George Bulwer-Lytton's novel *Paul Clifford:*

> *It was a dark and stormy night . . .*

Using an online translation program, the result might be something like this:

> *C'était une nuit foncée et orageuse...*

Even this short sentence contains an error; *foncé* is not the word for "dark" when used in the context of talking about the night.

If you were to re-enter this sentence to translate it back into English, the same site might produce:

> *It was one night dark and stormy . . .*

As you can see even from this brief example, your own understanding of French grammar and syntax is far more reliable than a translation program.

Using the resources discussed above, complete the following exercises.

 **Exercises**

A. The importance of context.

The multiple meanings of a single word in one language may be rendered by a variety of forms in another. Using the reference materials described above, find an appropriate equivalent in French for the word "way" as used in the following contexts.

1. Which way do I take to go downtown?

   _____

2. What's the best way to get to the mall?

   _____

3. You got a brand new car? No way!

   _____

4. You paid way too much for those jeans!

   _____

5. I like the way he dances.

   _____

6. Where there's a will there's a way.

   _____

7. I knew him way back when.

   _____

B. Troublesome words.

Certain words and expressions may become problematic as you seek their equivalents in French. How would you express the following in French? What makes these sentences or words challenging to translate?

1. "Oh, fiddlesticks," said Aunt Bertha.

_____

2. Have fun, kids!

_____

3. I didn't understand what the play was about because the plot was confusing.

_____

4. There's an apple tree in the backyard.

_____

5. I didn't expect to be challenged by this exercise.

_____

C. Compare and contrast.

Now, use an online translation program to translate the sentences from Exercise B into French. Discuss with a partner how the results you received differ from your translations.

Chapitre 1

La description

«Décrire» ne veut pas dire «énumérer». Il ne faut vouloir ni tout dire à la fois, ni même tout dire à la suite. Alors, comment rendre un objet ou un paysage réel pour un lecteur ou une auditrice? En choisissant les aspects ou les détails les plus significatifs de l'objet ou du paysage, en sélectionnant quelques impressions que cet objet ou ce paysage suscite et en employant les mots les plus évocateurs.

Bien choisir son vocabulaire et ses tournures de phrases est donc essentiel pour bien décrire ce que le narrateur ou le personnage principal observe autour de lui ainsi qu'en lui-même et pour traduire ses observations, où non seulement tous les sens, mais aussi l'intelligence, l'imagination, la mémoire, la sensibilité et le jugement jouent un rôle primordial.

Point de départ

Dans quelle mesure la description est-elle importante dans les articles de journaux et de magazines? les lettres personnelles? les nouvelles et les romans? Est-il possible de trouver trop de descriptions? Qu'est-ce qu'on espère apprendre dans les passages descriptifs de romans? Les descriptions se lisent-elles plus ou moins vite ou plus ou moins facilement que les dialogues dans un roman? Quels temps verbaux sont souvent employés dans les descriptions?

Écriture d'invention

A. Gustave Caillebotte, *Rue de Paris, temps de pluie* (1877) B. Jean-François Millet, *Les Glaneuses* (1857)

Choisissez la reproduction A ou B, ou une autre image qui représente une scène en plein air.

1. Trouvez deux adjectifs différents qui pourraient servir de titres à cette image: un adjectif qui renforce un sentiment positif évoqué par l'image; un adjectif qui renforce un sentiment négatif évoqué par l'image.
2. Choisissez un de ces titres. Décrivez la scène d'après ce titre, et à la troisième personne. En vous concentrant sur la scène (sans décrire ni raconter les émotions des personnages), essayez d'évoquer ce sentiment dans la description du temps, du lieu et des objets. Écrivez quatre ou cinq phrases au temps présent.
3. Réécrivez votre description en 4–5 phrases pour illustrer le deuxième titre que vous avez choisi (#1).

Atelier d'écriture I

Comme tâche finale, vous allez faire une description à la troisième personne d'une scène frappante (par sa beauté, son espace vide ou monotone, sa lumière, etc.). Vous pouvez choisir une scène à la campagne ou en ville.

Avant de commencer à écrire, réfléchissez bien à la scène que vous allez décrire. À tour de rôle, posez-vous les questions suivantes et répondez-y. N'oubliez pas de prendre des notes.

1. En quoi la scène est-elle frappante? Est-elle belle, mystérieuse, paisible, inquiétante?
2. Est-ce que la scène déclenche un souvenir ou des émotions particulières? Expliquez.
3. Quels sont les aspects les plus marquants de cette scène?

Maintenant, écrivez un paragraphe au temps présent pour décrire brièvement cette scène, en énumérant ses aspects les plus frappants. Ce paragraphe servira de point de départ pour votre composition finale. Au cours du chapitre, on vous demandera de remanier ce paragraphe afin de produire une description plus vivante. Pour le moment, concentrez-vous sur l'élaboration de la scène, sans évoquer de personnages.

_____

_____

_____

_____

_____

_____

_____

_____

_____

Vocabulaire utile

Pour décrire un paysage

Substantifs		Adjectifs	Verbes
un bambou	la glace	agité(e)	avoir vue sur
un bâtiment	la grêle	aigu (aiguë)	border
un bruit	l'herbe	argentin(e)	bousculer
un cactus	un marécage	bas (basse)	briller
le calme	une marée	bruyant(e)	contempler
un carrefour	une moisson	doré(e)	dégager une bonne/
une cascade	une montée	élevé(e)	mauvaise odeur
un champ	une odeur	enneigé(e)	donner sur
le chaos	un palmier	étroit(e)	éclairer
un chemin	un parfum	fleuri(e), en fleur	étaler
une chute d'eau	une pelouse	haut(e)	s'étendre
la circulation	une pierre	immobile	être silencieux(-euse)
un cocotier	un pin	imposant(e)	flâner
une colline	une rivière	large	garnir
un coquillage	un rocher	luxuriant(e)	geler
une dune	une rue	neigeux(-euse)	longer
une falaise	le sable	nuageux(-euse)	mener
une feuille	un sentier	pluvieux(-euse)	moissonner
un fleuve	un sommet	profond(e)	murmurer
une forêt	un tronc	pur(e)	observer
une foule	une vague	tranquille	pencher
le gazon	un vallée	verdoyant(e)	percevoir
	une vitrine	verglacé(e)	prendre/suivre une route
			respirer
			scintiller
			sentir bon/mauvais/
			la mer/la forêt
			serpenter

Exercices

A. Qu'est-ce qu'on y trouve?

Identifiez une chose qu'on trouverait et une chose qu'on ne trouverait pas dans le paysage indiqué.

> Modèle   au bord de la mer   *On trouverait du sable, mais on ne trouverait pas de cascade.*

1. dans la forêt _____

2. dans l'océan _____

3. dans le désert _____

4. sur une île tropicale _____

5. à la montagne _____

6. dans une grande ville _____

B. Mini-descriptions.

Choisissez un adjectif de la liste pour modifier les noms suivants.

> Modèle   une chute d'eau   *une chute d'eau bruyante*

1. un coquillage _____

2. un bâtiment _____

3. un bruit _____

4. une vallée _____

5. une vague _____

Maintenant, complétez les phrases avec la forme convenable d'un verbe de la liste.

1. Quand je _____ la tranquillité de ce lac, mon esprit se calme.

2. J'aime faire des promenades dans la forêt: que les pins _____ bon!

3. Pour arriver à sa source, il suffit de _____ le fleuve.

4. Quand je _____ l'air pur de la montagne, tous mes soucis disparaissent.

5. Qu'est-ce qui _____ cette mauvaise odeur? C'est ce marécage pollué?

C. Classez.

Classez les mots suivants dans les catégories données.

un pin	*un sommet*	*une rivière*	*un pin*
un palmier	*le sable*	*une dune*	*un rocher*
une marée	*un fleuve*	*une falaise*	*une cascade*

Mots qui se rapportent...

à la végétation	au désert	à la montagne	à l'eau

D. Activité Internet.

Faites des recherches sur Internet pour trouver un site qui décrit Blue Bay à l'île Maurice et notez-en l'adresse. Lisez la description et trouvez deux adjectifs (et les substantifs qu'ils qualifient). Ajoutez-les à votre liste de vocabulaire. Ensuite, analysez le contenu de la description. À quel public cette description est-elle destinée?

Natacha Appanah

—Blue Bay—

À propos de l'auteure...

Natacha Appanah est née en 1973 à l'île Maurice, de parents indiens. Elle est journaliste et romancière, et vit depuis 1998 en France. Bien que le créole mauricien soit sa langue maternelle, elle écrit en français. Dans tous ses romans, l'île Maurice joue un rôle central dans l'identité des personnages: un rôle historique, celui d'un lieu multiethnique et multiculturel, d'une ancienne colonie française passée aux mains de l'Empire britannique. Et l'île est aussi présentée à la fois comme une destination de rêve pour les touristes et les habitants riches et comme une société marquée par des différences de classes et des préjugés.

* * *

Le passage suivant est extrait de *Blue Bay Palace* (2004), l'histoire d'une passion amoureuse tragique d'une jeune Indienne pour un homme qui n'est pas de sa caste. Blue Bay est le nom d'un village côtier dans le sud-est de l'île Maurice.

* * *

1   Blue Bay, c'est la toute dernière localité de la pointe, celle après quoi il n'y a que mers et océans. Une maigre route asphaltée mais piégée de nids-de-poule° traverse Blue Bay de part en part et la divise aussi. À gauche, des haies° régulières de bambous verts cachent de belles résidences aux couleurs chaudes. À droite, là où la route penche légèrement, comme si elle s'affaissait°, des rangées de roquettes°, ces cactus à la sève mortelle°, plantées en pointillé°, laissent voir des cabanes en tôle rouillée° ou de friables° constructions en brique. À gauche, les riches qui ont vue sur l'océan. À droite, les pauvres qui n'ont vue sur rien du tout excepté leurs semblables. Autrefois, c'étaient les nounous°, femmes de ménage, jardiniers, chauffeurs et autres maçons qu'une simple route séparait de leurs maîtres. Mais depuis presque vingt ans, les

potholes

rows

5 *sagged*

rows of barrel cactus / deadly sap / dotted
rusted sheet metal / crumbling

10 *nannies*

anciens domestiques travaillent à l'hôtel cinq étoiles Le Paradis, là-bas, sur la pointe, et les riches du côté de la mer doivent aller chercher ailleurs leurs serviteurs. Ils s'en plaignent° toujours, dit-on. [...]

complain about

2   Dès le panneau Blue Bay franchi, vous rejoignez les terres, vous 15 quittez les arbres aux feuilles d'argent qui poussent dans le sable. [...] À peine commencez-vous à vous languir de la mer que la revoilà! Cette fois-ci, elle ne rentre pas mourir dans la terre. D'imposants rochers noirs l'en empêchent et, inlassablement, elle vient s'y cogner°. Elle est bleue, un peu inquiétante à cet endroit-là, mais en voiture, on ne peut pas s'y arrêter. [...] 20

to bang, bump into

3   Alors, vous êtes bien obligé de continuer sur plusieurs centaines de mètres de bambous serrés et de cactus branlants° et la mer disparaît encore une fois, derrière vous. Je vous l'ai dit: elle adore jouer à cache-cache°.

shaky
hide-and-seek

4   Parfois, à droite, quelques pauvres ont pu se payer la maison de leurs rêves. Des boxes superposés en brique, s'élevant souvent sur trois étages pour 25 que leurs propriétaires puissent librement voir la mer. Au-delà des cactus, au-delà des bambous serrés et par-dessus les maisons de leurs anciens patrons. C'est laid, ça ne ressemble à rien et les pluies d'été ont marqué ces constructions de pacotille° de longues traces sombres, comme si les murs pleuraient du noir. C'est laid, ça ne ressemble à rien mais on ne peut pas en vouloir à° des pauvres 30 de faire n'importe quoi pour voir la mer. [...]

cheap, tacky
to blame

5   Vous poursuivez inlassablement sur la petite route qui serpente encore et encore et puis, soudain, après une descente abrupte et une montée étrangement épargnée de nids-de-poule, la mer est en contrebas. Elle est bleue électrique les jours d'hiver, pâle les jours d'été où le soleil irradie. Vous comprendrez alors pourquoi le 35 village s'appelle Blue Bay. La baie bleue. [...] Moi, je cours toujours vers la mer. Je file à travers les troncs minces des filaos, j'enlève mes chaussures rapidement, je me dépêche comme s'il fallait que je rattrape la mer avant qu'elle ne se retire.

Natacha Appanah, *Blue Bay Palace* © Éditions GALLIMARD; www.gallimard.fr

Réactions et compréhension

1. Cette description vous rappelle-t-elle un endroit que vous connaissez ou une expérience que vous avez vécue? des sentiments que vous avez éprouvés? Quels sont les personnages dans ce passage?

   _____

   _____

   _____

2. De quelle manière le paysage devient-il lui-même un personnage? Citez des exemples du texte pour soutenir vos idées.

   _____

   _____

3. À qui s'adresse le «vous» (lignes 15, 17, 21, 23, 32, 35)?

   _____

   _____

   _____

4. Expliquez les deux visages de Blue Bay: l'aspect idyllique, d'une part, et l'aspect misérable, d'autre part. Citez des éléments du texte qui illustrent ces aspects opposés.

_____

_____

_____

5. Relevez des exemples de trois facettes différentes de la description et notez:

   a. des éléments géographiques _____

   b. des contrastes économiques _____

   c. une histoire sociale différenciée _____

6. Que comprenez-vous du personnage qui donne cette description? Quelles phrases révèlent le caractère ou les opinions de ce personnage?

_____

_____

Résumé et réflexions

Faites un résumé de ce texte dans votre journal. Ensuite, énumérez les éléments de la description que vous avez appréciés le plus et expliquez pourquoi.

Analyse structurelle

1. Quels sont les outils employés pour la description d'un paysage? Donnez des exemples d'outils, tels que:

   a. des expressions qui indiquent une direction

   b. des adjectifs qui qualifient une couleur, une forme ou bien des détails

   c. des verbes qui définissent des mouvements, des bruits, des couleurs, des odeurs, des sentiments, la mémoire, le toucher

   d. des adverbes de lieu, tels que ici, là-bas, loin, ailleurs, etc.

   e. des comparaisons

   f. des personnifications

_____

_____

_____

_____

_____

_____

_____

_____

2. Parcourez tout le texte en prêtant attention à la fonction des phrases. Quelles phrases décrivent des lieux et/ou des personnes? Lesquelles racontent des actions et des événements? Quelle fonction domine: la description ou la narration?

_____

_____

_____

3. Étudiez la structure des phrases. En général, les phrases sont-elles longues ou courtes? S'agit-il d'affirmations ou de questions? Donnez-en plusieurs exemples pour montrer la variété du style.

_____

_____

_____

4. Trouvez des phrases indépendantes (sujet, verbe, complément); des phrases indépendantes juxtaposées (deux phrases indépendantes sans conjonction [et, mais, car, donc, etc.]); des phrases indépendantes liées par des conjonctions; une phrase nominale (sans verbe).

_____

_____

_____

5. Notez des phrases subordonnées (reliées à une autre phrase par une conjonction de subordination telle que: que, qui, parce que, comme, puisque, quand, jusqu'à ce que, etc.).

_____

_____

_____

6. Quelle structure de phrases semble dominer? Le texte est-il facile à lire ou non? Pourquoi?

_____

_____

_____

7. Comment la description est-elle organisée? Par exemple, comme un guide touristique? un souvenir? d'après un autre principe? Relisez tout le texte et expliquez-en le principe d'organisation.

_____

_____

_____

Analyse stylistique

1. Quels sens dominent ce texte (l'odorat, le goût, la vue, le toucher, l'ouïe)? Trouvez des exemples pour chaque catégorie.

_____

_____

_____

2. Quelles facultés (intelligence, mémoire, imagination) interviennent ici pour décrire la scène et la rendre vivante? Quels en sont les effets sur le lecteur/la lectrice? Trouvez des exemples dans le texte pour justifier votre réponse.

_____

_____

_____

3. Cette description révèle le point de vue de la narratrice qui parle parfois (mais pas toujours) à la première personne. Distinguez des parties ironiques et critiques et des parties où la narratrice s'adresse directement aux lecteurs («vous»). Quels sont les effets de ces techniques?

_____

_____

_____

4. Quel temps verbal domine dans ce texte? Quel autre temps verbal est employé dans le texte? Pourquoi ce changement de temps est-il nécessaire? Quels sont les effets de ces temps verbaux?

_____

_____

_____

5. Quel est le ton de ce passage: comique, poétique, dramatique, etc.? Donnez des exemples de tons différents en soulignant les outils utilisés dans chaque cas.

_____

_____

_____

6. Trouvez trois titres possibles pour ce texte: 1) un qui annonce la thèse ou l'idée centrale; 2) un autre qui reflète un sentiment ou une sensation évoqué(e) dans le texte; 3) un dernier qui reflète le point de vue de la narratrice.

_____

_____

_____

Les actes de parole

Pour parler des mouvements, des perceptions

Dans ce passage, la narratrice fixe son attention sur le mouvement de la mer et son désir de l'atteindre. Cette thématique fait avancer la narration et introduit en même temps la description.

Dès le panneau de Blue Bay…	franchi… passé… dépassé…			
Vous…	rejoignez regagnez retrouvez	les terres,	vous laissez derrière ressortez	les/des arbres… de la forêt…
Vous…	poursuivez suivez continuez sur	la petite route…		
Vous…	comprendrez vous rendrez compte saurez vous ferez une idée apprendrez	pourquoi le village s'appelle Blue Bay.		
Moi, je…	cours file me dépêche me précipite	toujours vers la mer.		

Pour parler de la nature

Pour parler de la nature, certaines expressions verbales peuvent enrichir votre description.

Le soleil...	monte à l'horizon	≠	descend.
	se lève	≠	se couche.
	apparaît	≠	disparaît.
	brille.		

Le vent...	se lève	≠	s'apaise.
			cesse.
	hurle	≠	se calme.
	siffle	≠	tombe.

Le ciel...	s'éclaircit	≠	s'obscurcit.
			se couvre.

La mer...	rugit	≠	est calme.
	gronde	=	est agitée.

Le terrain est...	montagneux	≠	plat.
	ridé.		
	desséché.		
	calciné.		

La lumière...	illumine le paysage.
	scintille.
	apparaît à l'horizon.
	brille à l'arrière-plan du paysage.
	éclaire le sentier.

Pour parler de ses impressions

La nature inspire des sentiments de peur, de mélancolie, de joie, etc. Les expressions suivantes vous aideront à exprimer vos impressions.

On sent...	l'hiver, que le monde change...
On se sent...	tout petit, renaître...
On ressent...	une impression de grandeur, de peur...
On éprouve...	de la tristesse, du bonheur...
On est...	rempli d'admiration, d'émotion
	saisi

Pour parler des sens

Comment évoquer les sens qu'inspire le monde de la nature? Voici quelques verbes qui s'associent souvent aux sens.

Substantifs	Verbes associés
l'odorat	sentir
	flairer
	respirer
la vue	voir
	apercevoir
	contempler
	remarquer
le toucher	toucher
	frôler
	tâter
l'ouïe	écouter
	entendre
	prêter l'oreille à
le goût	goûter
	déguster
	savourer
	se régaler de

Exercices

A. Synonymes.

Trouvez un synonyme pour la partie de la phrase en italique en utilisant le vocabulaire trouvé ci-dessus.

1. Une rangée de cactus *se trouvait* devant eux.

   _____

2. Au sommet d'une colline, *ils ont vu* une plantation de palmiers.

   _____

3. *Ils ont pris* le chemin à gauche et *se sont approchés* de la maison.

   _____

4. *Après avoir franchi* la barrière, *ils ont vu* les cabanes de Blue Bay.

   _____

B. Quelle émotion?

Dites quelle émotion (bonheur, tristesse, peur, angoisse, colère, etc.) les choses suivantes vous inspirent, en suivant le modèle.

Modèle   le soleil brillant
Le soleil me remplit de bonheur.   OU:
J'éprouve (Je ressens) du bonheur en voyant le soleil brillant.

1. les habitations grises et ternes

_____

2. le vent qui souffle

_____

3. la mer bleu électrique

_____

4. le soleil qui irradie la terre

_____

5. le matin frais

_____

Pour décrire: les couleurs

Évoquer des couleurs, c'est embellir votre description et la rendre plus vivante.

la baie bleue	les vignes vert foncé[1]
(des) bambous verts	des reflets cuivre
d'imposants rochers noirs	La mer est bleu électrique.[2]

Le désert déroule ses champs vides, couleur de... | sable.
| miel.
| craie.

Les arbres aux feuilles d'argent...

De belles résidences aux couleurs chaudes...

La mer aux vagues verdâtres...

Le ciel apparaît... | rose pâle.
| orange brillant.
| bleu d'azur.
| bleuâtre.
| bleu foncé.
| argenté.

Elle distingue des palmiers jaunâtres pareils à des statues.

_____

[1]En général, un adjectif de couleur s'accorde en genre et en nombre. Cependant, si l'adjectif est modifié ou est dérivé d'un substantif (fleur, pierre, métal, etc.), il reste invariable.
[2]Appanah utilise une variante de la règle précédente (bleue électrique).

Exercices

🕴🕴 A. Coloriez!

Avec un(e) camarade de classe, ajoutez des couleurs pour rendre les substantifs plus vivants, puis terminez les phrases. Ensuite, partagez ce que vous avez écrit avec la classe. Associez-vous les mêmes couleurs avec ces substantifs? Comment avez-vous terminé les phrases? Quelles solutions sont les plus captivantes?

> Modèle   Des vignes rendues _____ par la pluie…
> Des vignes rendues *vert vif* par la pluie *tracent des formes irrégulières sur la colline.*

1. Des boxes _____ superposés en brique…

   _____

2. Au-delà des cactus _____…

   _____

3. Une maigre route _____ asphaltée…

   _____

4. Des cabanes _____ en tôle rouillée…

   _____

5. Au coucher du soleil, la mer _____ se transforme…

   _____

B. Complétez.

Complétez les phrases suivantes avec le mot approprié selon les indications données.

Avec un verbe

1. Avant un orage…

   le soleil *disparaît* _____

   le ciel _____

   le vent _____

   la mer _____

2. Après un orage…

   le soleil _____

   le ciel _____

   le vent _____

   la mer _____

Avec un adjectif

1. Un beau jour d'été…

   le ciel est <u>*bleu clair*</u>_____

   la mer est _____

   les champs sont _____

2. Un jour en plein hiver…

   le ciel est _____

   les arbres sont _____

   les montagnes sont _____

Atelier d'écriture II

Revenez à votre première ébauche (Atelier I). Développez-la pour écrire une scène de plusieurs paragraphes en suivant les indications ci-dessous.

1. Vous allez ajouter un personnage à votre ébauche (qui figure déjà sur votre image si possible). Écrivez au moins trois phrases descriptives qui évoquent le point de vue de ce personnage. Quel(s) sens est (sont) impliqué(s) dans son appréciation de son environnement? Continuez à écrire à la troisième personne.

   _____

   _____

   _____

2. Continuez à élaborer votre ébauche en utilisant au moins trois verbes de mouvement et de perception.

   _____

   _____

   _____

3. Faites une liste des couleurs que vous pourriez rajouter pour décrire les objets et le paysage pour rendre votre ébauche plus vivante. Rajoutez-les.

   _____

   _____

   _____

4. Précisez l'émotion qu'on ressent en lisant la description de la scène. Cette émotion est-elle bien décrite dans votre ébauche?

   _____

   _____

   _____

La stylistique

Comme dans un portrait, le langage utilisé dans une description peut être poétique, c'est-à-dire qu'il crée des images grâce à des comparaisons, à des métaphores et même à la personnification.

La comparaison

La comparaison rapproche deux domaines différents pour mettre en évidence un élément qui leur est commun. La comparaison a besoin d'un comparé, d'un outil de comparaison et d'un comparant. Dans l'exemple «Sa voix grince comme une lime», «sa voix» est le comparé; «une lime» est le comparant; «comme» est l'outil de comparaison.

Les outils de comparaison peuvent être:

- des prépositions

  Sa voix grince *comme* une lime.

  La route penche légèrement *comme* le toit de cette cabane.

- des expressions comparatives

  Sa voix grince *plus qu' (de même qu', ainsi qu')* un gond rouillé.

- des verbes

  Sa voix *ressemble au (fait penser au)* rugissement d'un lion.

  Quand il crie, *on dirait* le rugissement d'un lion.

  Le village *semble* mort.

- des expressions prépositionnelles ou des propositions subordonnées

  Sa voix est *semblable au (pareille au)* roucoulement d'un pigeon.

  Sa voix est *telle que* le roucoulement d'un pigeon.

La comparaison peut jouer avec l'imagination.

> Les pluies d'été ont marqué ces constructions de pacotille de longues traces sombres, comme si les murs pleuraient du noir.
>
> Cet homme est fort comme un lion.
>
> Je suis rouge comme un bœuf écorché.

La métaphore et la personnification

La métaphore est une comparaison sans outil de comparaison.

> Des boxes superposés en brique, s'élevant souvent sur trois étages...

Ici, l'expression «boxes superposés» est une image métaphorique qui fait référence aux maisons.

La métaphore joue avec le langage. Avec les mots, elle crée des correspondances impossibles dans la réalité. L'image créée est plus dense que celle de la comparaison; elle s'adresse à la sensibilité.

> Cet homme est un lion.   Félicité est une statue de bois.

La personnification consiste à accorder les attributs d'un être humain à un objet inanimé.

> Elle (la mer) adore jouer à cache-cache.

Ici, l'auteur accorde un attribut d'enfant à la mer.

Pouvez-vous expliquer l'emploi de la métaphore ou de la personnification dans les phrases suivantes?

> La route serpente encore et encore.
>
> Un voile transparent s'étendait sur le lac.

Pour éviter les verbes plats

Il est conseillé d'éviter la répétition des verbes *être, voir, faire* et de l'expression verbale *il y a*, et de trouver d'autres expressions pour enrichir votre description. Étudiez les passages suivants.

> En regardant la mer, elle est joyeuse. →
> En regardant la mer, elle tremble de joie.

> Ses yeux sont remplis de larmes. →
> Ses yeux se remplissent de larmes.

> Il y a les ombres des boxes sur le terrain. →
> Les ombres des boxes s'allongent sur le terrain.

Voici des suggestions précises:

- Remplacer le verbe *être* par les verbes *demeurer, rester, se tenir, se trouver, se faire, se voir:*

> S'égarant du chemin, soudain Inès *est* toute seule dans la forêt. →
> S'égarant du chemin, soudain Inès *s'est trouvée* toute seule dans la forêt.

> Il y avait un silence profond. Le soleil se couchait, mais Inès *était* optimiste. →
> Il y avait un silence profond. Le soleil se couchait, mais Inès *demeurait* optimiste.

- Leur substituer un verbe plus expressif:

> Un étranger *est* dans les environs. →
> Un étranger *rôde* dans les environs.

> *Il y a* de la neige sur les montagnes. →
> La neige *couronne* les montagnes.

> Sur la pente de la colline, *il y a* des maisons. →
> Des maisons *apparaissent* sur la pente de la colline.

- Leur substituer un verbe réfléchi:

> *Il y a* de grands arbres devant moi. →
> De grands arbres *se dressent* devant moi.

> La nature *est* splendide. →
> La nature *se révèle* dans toute sa splendeur.

- Leur substituer un substantif:

> *Étant timide,* il est empêché de continuer. →
> *Sa timidité* l'empêche de continuer.

- Utiliser un adjectif qui qualifie le sujet au début de la phrase:

> Il *est inquiet* en entrant dans la maison déserte. →
> *Inquiet,* il entre dans la maison déserte.

La perspective

La narratrice nous fait suivre son regard en employant des expressions adverbiales:

> À gauche, des haies régulières…
>
> À droite, […] des rangées de cactus.
>
> La mer disparaît […] derrière vous.
>
> Au-delà des cactus…
>
> La mer est en contrebas…

Voici d'autres expressions adverbiales qui pourraient enrichir votre style:

> à côté de (article + substantif)
>
> en dessous de/au-dessous de (article + substantif) ≠ en (au-)dessus de (article + substantif)
>
> en face de (article + substantif)
>
> en haut de (article + substantif) ≠ en bas de (article + substantif)
>
> entre/parmi
>
> loin de (article + substantif) ≠ près de (article + substantif)
>
> tout droit

> Les riches habitent près de la mer.
>
> À côté, on voit la mer qui serpente.
>
> Allez tout droit, restez sur le sentier.

Exercices

A. Comparaisons.

Quel mot, dans la deuxième colonne, complète l'expression dans la première colonne?

1. Il est doux comme _____   a. une taupe *(a mole)*.

2. Elle est fraîche comme _____   b. une plume.

3. Il est rusé comme _____   c. un agneau.

4. Il est myope comme _____   d. un renard.

5. Ce tissu est léger comme _____   e. une rose.

B. Expliquez.

Expliquez les métaphores ou personnifications suivantes en faisant une paraphrase. Comparez vos réponses avec celles d'un(e) camarade de classe.

1. À chaque oiseau, son nid est beau.

   _____

2. Ce candidat est un âne.

   _____

3. Mon oncle a une langue de vipère.

   _____

4. Elle est tout feu, tout flamme.

_____

5. Il lèche les bottes du patron.

_____

C. Formulez des phrases.

Établissez des comparaisons entre les éléments proposés. Utilisez un des outils de comparaison suggérés dans la section «La comparaison».

1. l'azur du ciel/le bleu de ses yeux

_____

2. le chant des oiseaux/le son de sa voix

_____

3. son nez osseux _(bony)_/le bec d'un perroquet

_____

4. ses prunelles fauves _(fawn-colored eyes, pupils)_/celles d'un hibou

_____

5. se glisser dans la cabane _(hut, cabin)_/un reptile

_____

D. À vous.

Travaillez avec un(e) camarade de classe pour développer vos propres comparaisons pour les éléments suivants.

1. la route de l'université

_____

2. la ville de New York

_____

3. votre propre ville

_____

4. votre vie sentimentale

_____

5. un jour d'hiver

_____

6. le lever du soleil

_____

E. Remplacez.

Dans les phrases suivantes, remplacez les verbes plats par une forme verbale plus expressive en choisissant une expression de la section «Pour éviter les verbes plats».

1. Il y a beaucoup d'étoiles dans le ciel.

_____

2. Je suis très triste devant ce paysage.

_____

3. La rivière est entre les deux montagnes.

_____

4. Il y a des nuages dans le pâle ciel d'hiver.

_____

5. Nous sommes dans un champ verdoyant.

_____

F. Un paysage.

Écrivez un paragraphe pour décrire le paysage reproduit ci-dessous. Employez un vocabulaire riche et varié ainsi que des expressions adverbiales. Évitez l'emploi de verbes plats tel que *être* et de l'expression verbale *il y a*.

The Beach at Sainte-Adresse, 1867 (oil on canvas), Monet, Claude (1840–1926)/The Art Institute of Chicago, IL, USA/Giraudon/The Bridgeman Art Library

G. Une dictée visuelle.

Apportez l'image d'un paysage de votre choix en cours, mais ne la montrez à personne. Décrivez l'image à vos camarades de classe qui vont la dessiner schématiquement. Utilisez le plus possible d'expressions adverbiales de lieu.

Entraînez-vous!

Voici un devoir, rédigé par une étudiante américaine, qui est riche en descriptions et qui utilise les techniques du chapitre. Analysez-le, en faisant bien attention au choix du vocabulaire et des verbes, aux métaphores et à l'organisation du texte.

Aimez-vous ce texte? Pourquoi ou pourquoi pas? Quels changements y apporteriez-vous?

—Renouveau—

Le vent siffle doucement, comme un zéphyr venant de la mer. Peu à peu le soleil éclatant se lève. La beauté de la saison est évidente; le printemps est arrivé. Une jeune femme, un froncement de sourcils sur son visage, traverse la rue. Voyant la fumée couleur de charbon qui s'élève de la cheminée de la cuisine, elle soupire, puis elle ouvre la porte grise. La maison l'engloutit. 5

«Qu'est-ce que tu fais?», demande brusquement Charlotte. «Dépêche-toi! Je viens de faire la plupart de ton travail.» Et poussant Sabelle, Charlotte recommence son travail de mauvaise humeur en faisant claquer des casseroles. Sabelle est remplie de tristesse, mais elle met son tablier graisseux, suivant son habitude. Prenant un plateau lourd, elle sort de la cuisine étouffante. Quand elle 10 revient, elle s'arrête près de la fenêtre qui est toute bloquée de suie. Après l'avoir frottée avec sa chemise, elle regarde dehors pendant un long moment.

«Sabelle, qu'est-ce que tu as aujourd'hui?», demande Charlotte. Sabelle ne répond pas. «Sabelle!», crie Charlotte. Sabelle se détourne lentement de la fenêtre. «Oh, Charlotte», murmure-t-elle. Sentant de l'air frais qui entre par la 15 porte, son esprit revient aux bons souvenirs. Elle commence à faire la vaisselle, mais ses pensées sont loin, au jour où Matthieu l'avait demandée en mariage. «C'était une journée exactement comme celle-ci», dit-elle à voix basse.

«Qu'est-ce que tu dis là?» La grande Charlotte se dresse devant Sabelle, prend la figure triste dans ses grosses mains et regarde de près les yeux de 20 Sabelle.

«Ah, Sabelle...», chuchote-t-elle. «Le printemps m'émouvait quand j'étais jeune aussi.» Elle marque une pause, puis «Mais ça, c'est du passé. Reviens à ton travail.»

Les joues de Sabelle rougissent comme une tomate bien mûre. Le 25 cœur bien lourd de peine, elle continue à travailler. Sortant un peu de farine brune mouchetée de blanc, elle plonge ses mains dans la pâte poisseuse. Elle imagine son Matthieu l'entourant avec ses bras musclés, les épaules couvertes de cheveux bouclés. La chanson qu'il chantait autrefois revient dans sa tête: «Sabelle, ma belle. Sabelle, ma belle. Celle qui possède la beauté naturelle.» 30 Des larmes lui piquent les yeux; y penser produit toujours de la tristesse. Elle ne veut pas que Charlotte entende ses sanglots et donc elle arrête son travail. Presque en courant, elle sort de la cuisine.

Le soleil brillant contraste avec l'obscurité de la cuisine et Sabelle doit fermer les yeux. Elle se calme; la beauté de la journée empêche toute 35 tristesse. Un courant d'air parfumé de fleurs passe sous son nez et un petit sourire traverse son visage. Sachant que Charlotte l'attend, elle tourne sans enthousiasme le dos au paysage.

© Maryse Fauvel

Atelier d'écriture III

Révisez votre deuxième ébauche. Pour cette rédaction, précisez l'état d'âme de la personne qui contemple la scène et récrivez votre description selon ce point de vue. Voici quelques possibilités:

Une personne qui...

- se sent isolée et mal à l'aise.
- a toute confiance en elle-même.
- revoit cet endroit pour la première fois depuis deux ans; l'endroit évoque de bons souvenirs pleins de joie et de vie.
- revoit cet endroit pour la première fois depuis deux ans; l'endroit évoque des souvenirs d'une vie rigide, ennuyeuse et difficile.

Ne décrivez ni cette personne ni ses émotions. Exprimez son état d'âme à travers la description des éléments.

Retouches

Maintenant, relisez attentivement votre texte. Pensez à enrichir votre description en employant des comparaisons et des verbes variés.

Rappel: Pour décrire un paysage ou un lieu et suggérer ses divers effets sur le(s) personnage(s), utilisez un vocabulaire spécifique et varié pour décrire les formes, les couleurs, les matières et les mouvements.

1. Un paysage/Un lieu peut faire l'effet d'un quasi-personnage: il suscite des réactions et des émotions, et il évolue. Il faut donc également utiliser des verbes de perception et des adjectifs précis pour évoquer les sens et les facultés des êtres humains touchés par le paysage/le lieu.
2. Dans un récit descriptif, on trouve au moins un narrateur/une narratrice; il peut aussi y avoir un (des) personnage(s). Ceux-ci s'expriment de manière directe (en courts monologues ou en dialogues) ou bien les pensées des personnages peuvent être traduites par le narrateur ou la narratrice. Pour rendre le récit vivant, il est conseillé de varier le ton (ton familier: phrases courtes, langage parlé—et ton poétique: images et métaphores recherchées, mots choisis avec soin, phrases élaborées).
3. Il ne s'agit pas de tout décrire dans un paysage, mais plutôt d'évoquer quelques détails significatifs et quelques émotions que suscite le paysage en utilisant des mots et des images bien choisis. Un bon récit descriptif doit être organisé de façon à laisser percevoir une évolution (du paysage, des émotions, des personnages, par exemple).
4. Faites attention aux temps des verbes. Vérifiez la logique du récit. Le récit est-il au présent? au passé? à différentes périodes du passé? au passé avec un commentaire au présent?
5. Vérifiez l'organisation du récit. Le récit est-il chronologique? Contient-il des retours en arrière? des bonds en avant?
6. N'oubliez pas de vérifier les éléments suivants:
   - l'orthographe et les accents
   - tous les accords (article–nom; sujet–verbe; adjectif–nom)
   - toutes les conjugaisons du présent ou du passé

Écriture libre

Décrivez la scène que vous voyez maintenant devant vos yeux.

Dictionnaire personnel. De quels nouveaux mots vous êtes-vous servi(e) pour écrire votre composition? Ajoutez-les à votre dictionnaire personnel.

Révision en groupes. Commentez et corrigez la composition d'un(e) autre étudiant(e) ou d'autres étudiant(e)s selon le système proposé par votre professeur.

Version finale. Rédigez la version finale de votre composition en prenant en compte les commentaires des étudiant(e)s et/ou ceux du professeur.

Chapitre 2

Le portrait

Dans un portrait, un être humain (un animal ou même un objet) est étudié dans ses formes, sa personnalité, son milieu, ses fonctions, les sentiments qu'il inspire aux autres comme dans ses réactions provoquées par l'attitude des autres. Le choix des détails comme celui des mots y importe pour ne pas laisser le lecteur indifférent.

Point de départ

Pensez aux portraits picturaux, photographiques ou sculptés que vous avez vus. Lesquels avez-vous appréciés le plus? le moins? En quoi un portrait écrit se différencie-t-il d'eux? Pourquoi le portrait écrit est-il important dans les textes de fiction? Dans quelle mesure le portrait (visuel ou écrit) peut-il représenter non seulement l'aspect physique d'une personne, mais aussi son caractère? Quel temps verbal domine dans les portraits écrits au passé? Pourquoi?

Écriture d'invention

En réfléchissant à cette image, ou à une autre photo ou un tableau d'une personne de votre choix (vous pouvez en trouvez un[e] sur Internet), inventez un des personnages qui y figurent. Décrivez son physique et son caractère. Employez le temps présent ou l'imparfait.

Muhd Imran Ismail/Shutterstock.com

Atelier d'écriture I

Pour votre tâche finale, vous écrirez le portrait d'une personne qui figure sur un tableau ou une photo. Vous pouvez vous servir de la photo ou du tableau utilisé dans Écriture d'invention. Afin de déclencher vos idées, répondez aux questions suivantes. Utilisez le vocabulaire suggéré aux pages 31–32 et des phrases complètes. Faites bien attention au choix du temps des verbes. Après avoir fait ce travail préliminaire, écrivez une ébauche de plusieurs paragraphes en intégrant ces détails.

1. Connaissez-vous le nom de la personne sur votre photo ou tableau? Si non, inventez-lui un nom. Imaginez sa vie. Quel âge a-t-elle? Comment décririez-vous son caractère? (Écrivez deux ou trois phrases au présent ou au passé.)

_____

_____

2. Imaginez les émotions, les sentiments, l'état d'esprit de cette personne au moment de la photo ou du tableau. (Écrivez deux ou trois phrases.)

_____

_____

3. Situez cette personne dans le décor. Faites une liste des objets que vous voyez sur l'image. Pensez à la lumière, aux couleurs et à l'espace en général. (Écrivez trois ou quatre phrases.)

_____

_____

_____

4. Imaginez que cette personne accomplisse une tâche relativement simple (chercher et ouvrir un livre; se laver les mains). Comment la ferait-elle? Lentement? Posément? Avec précaution? Avec apathie? Décrivez cette action. (Écrivez trois ou quatre phrases.)

_____

_____

_____

Vocabulaire utile

Pour décrire le caractère

avoir l'air…

être…

accueillant(e)	désagréable	méticuleux(-euse)
affectueux(-euse)	détestable	négligent(e)
agréable	distant(e), froid(e)	orgueilleux(-euse)
aimable	égoïste	paisible
ambitieux(-euse)	enfantin(e), puéril(e)	paresseux(-euse)
antipathique	ennuyeux(-euse), pénible	prétentieux(-euse)
attentif(-ive)	généreux(-euse)	résolu(e)
banal(e), bête	impoli(e), mal éduqué(e)	rusé(e)
bienveillant(e)	inculte	sage, poli(e)
brillant(e)	insincère, hypocrite	sans talent
chaleureux(-euse)	lâche	sincère
cruel(le)	maladroit(e)	spirituel(le)
cultivé(e)	malin (maligne)	sûr(e) de soi
cynique	malveillant(e)	talentueux(-euse), doué(e)
délicat(e)	maniaque	
déprimé(e)	mélancolique	

Pour parler des rapports entre les personnes

être l'ami(e) de ≠ l'ennemi(e) de

être distant(e) de ≠ proche de

traiter quelqu'un en ami(e)

(Continued)

Pour parler de l'âge

avoir 25 ans = être âgé(e) de 25 ans

avoir la vingtaine/la trentaine/la quarantaine…

avoir une dizaine/vingtaine/trentaine/quarantaine… d'années

être d'un âge mûr/d'un certain âge

être jeune/âgé(e)/du même âge que

un(e) trentenaire/quadragénaire/quinquagénaire/sexagénaire…

Pour parler des rapports familiaux

avoir des frères et des sœurs

être orphelin(e)

mon fils/ma fille/mes enfants…

 **Exercices**

A. Contraires et synonymes.

Remplissez la grille suivante en utilisant les expressions aux pages 31–32 ou à l'aide d'un dictionnaire au besoin.

Mot	Synonyme	Contraire
bienveillant		
chaleureux		
sincère		
distant		
aimable		

B. Le meilleur et le pire.

Quelles qualités caractérisent…

1. le professeur idéal? un professeur incompétent?

   _____

   _____

2. l'homme/la femme politique idéal(e)? un homme/une femme politique malhonnête?

   _____

   _____

3. l'ami(e) idéal(e)? son contraire?

   _____

   _____

C. Parlons d'âge.

Complétez les phrases suivantes avec une expression tirée du vocabulaire présenté aux pages 31–32.

1. Mon professeur de mathématiques est _____ de 40 ans, mais il a l'air plus jeune. On dirait qu'il a la _____, c'est-à-dire dix ans de moins.
2. Ma mère est _____. Elle a 68 ans, mais elle fait beaucoup plus jeune.
3. La dame dans le portrait est d'un _____ âge. Elle est ridée, mais pas trop, et toujours très belle.
4. Laurent _____ du même âge que Laure. Ils _____ tous les deux 25 ans.
5. Je dirais que l'homme sur la photo a une vingtaine d' _____.

D. Un portrait.

Décrivez le caractère de ces personnes en utilisant les expressions **avoir l'air** + adjectif *(to seem, appear)*, **il/elle me semble…**, and **il/elle paraît…** Ensuite imaginez les circonstances qui pourraient expliquer leur état d'esprit.

The Study, or The Song, c.1769 (oil on canvas), Fragonard, Jean-Honore (1732–1806)/ Louvre, Paris, France/Giraudon/The Bridgeman Art Library

SuperStock/SuperStock

Dai Sijie

—Travail de rêve—

À propos de l'auteur…

Dai Sijie est un cinéaste et romancier, né en 1954 en Chine. Il vit en France depuis 1984. Après des études d'histoire de l'art chinois dans son pays, il obtient une bourse pour suivre des études en France, à l'Institut des Hautes Études Cinématographiques. Ses romans, écrits en français, sont très prisés, et son amour des grands auteurs français font de lui un excellent représentant de la francophonie.

* * *

Le passage suivant est extrait du roman *Le Complexe de Di* qui a obtenu le prix Femina en 2003. Il s'agit du portrait de Monsieur Muo, apprenti psychanalyste d'origine chinoise, reparti en Chine après un long exil en France. Il voyage en train à la recherche de sa fiancée emprisonnée, inculpée d'avoir divulgué des photos interdites.

* * *

1   Pour un homme si dépourvu de° charme et de beauté, avec son mètre
soixante-trois, sa maigreur mal charpentée°, ses yeux globuleux, légèrement
exorbités, que les verres épais de ses lunettes fixent en une immobilité
toute «muosienne», ses cheveux hirsutes° et fourchus°, M. Muo affiche
une assurance surprenante: il ôte° ses chaussures de fabrication française,   5
dévoilant des chaussettes rouges dont le bout troué laisse passer un orteil
osseux, d'une blancheur de lait écrémé, grimpe sur un banc de bois [...] pour
mettre sa Delsey¹ dans le porte-bagages. [...]

2   Après avoir repris sa place sur le banc, il aligne ses souliers sous le
siège, enfile une paire de tongs blanches, essuie les verres de ses lunettes,   10
allume un petit cigare, dévisse le capuchon de son stylo, et se met à
«travailler», c'est-à-dire à noter des rêves sur un carnet d'écolier acheté en
France, tâche qu'il s'impose comme un devoir d'apprenti psychanalyste.
Autour de lui, le désordre s'empare de° ce wagon à sièges durs [...]: à peine
embarquées, des paysannes, de grosses corbeilles° au bras ou des paniers en   15
bambou sur le dos, font leurs petites affaires avant de descendre à la gare
suivante. En titubant° dans le couloir, certaines vendent des œufs durs ou des
brioches à la vapeur, d'autres des fruits, des cigarettes, des cannettes de Coca,
des bouteilles d'eau minérale chinoise et même d'eau d'Évian. Des employées
en uniforme des chemins de fer se frayent° un passage dans l'unique couloir   20
du wagon encombré° et, poussant des chariots en file indienne, proposent des
pattes de canards pimentées, des travers de porc grillés et épicés, des journaux
et des magazines à scandales. Assis par terre, un garçonnet d'une dizaine
d'années, l'air espiègle°, étale soigneusement du cirage sur les chaussures à
talons aiguilles d'une passagère d'âge mûr, qui se distingue dans ce train de   25
nuit par ses lunettes de soleil bleu marine, trop grandes pour son visage.
Personne ne remarque ni M. Muo ni la vigilance maniaque qu'il affiche
vis-à-vis de sa Delsey modèle 2000.

3   Apparemment, rien ne peut ébranler° sa concentration, lorsqu'il est
plongé dans ses notes. Sur le banc à trois places, son voisin de droite, brave   30
quinquagénaire à dos rond et long visage tanné°, jette, d'abord furtivement puis
avec insistance, des regards curieux sur son cahier.

        —Monsieur le binoclard², vous écrivez en anglais? lui demande-t-il avec
un respect quasi servile. Je peux vous demander un conseil? Mon fils, qui est au
lycée, est vraiment nul, nul, nul en anglais.   35

        —Certainement, lui répond Muo d'un ton sérieux, sans marquer le
moindre mécontentement d'avoir été surnommé «binoclard». Je vais vous
raconter une histoire à propos de Voltaire, un philosophe français du XVIIIᵉ
siècle. Un jour, Boswell³ lui demanda: «Parlez-vous anglais?», et Voltaire lui
répondit: «Pour parler anglais, il faut se mordre le bout de la langue avec   40
les dents. Moi, je suis trop âgé, j'ai perdu les miennes.» Vous avez compris?
Il faisait allusion à la prononciation du *th*. Moi non plus, comme ce vieux
Voltaire, je n'ai pas les dents assez longues pour pratiquer cette langue de la
mondialisation, bien que j'adore quelques écrivains anglais et un ou deux
américains. Ce que j'écris, monsieur, c'est du français.   45

Dai Sijie, *Le Complexe de Di* © Éditions GALLIMARD; www.gallimard.fr

margin glosses: lacking / poorly structured / tousled, shaggy / with split ends / takes off / takes hold of, seizes / baskets / Staggering / clear / jammed, cluttered / mischievous / to break / weather-beaten

¹Delsey: marque française de bagages.
²binoclard: mot péjoratif pour désigner une personne qui porte des lunettes.
³Boswell: James Boswell, avocat et écrivain écossais.

Réactions et Compréhension

En travaillant avec un(e) camarade de classe, répondez aux questions suivantes oralement ou par écrit, selon les indications de votre professeur.

1. Qu'est-ce qu'on apprend du personnage principal, Monsieur Muo, dans le premier paragraphe? Quels détails contribuent au portrait de cet homme?

   _____

   _____

   _____

2. Dans le deuxième paragraphe, qu'est-ce qui contribue au portrait de Monsieur Muo? Quels adjectifs utiliseriez-vous pour décrire ce voyageur?

   _____

   _____

   _____

3. Par quels contrastes le narrateur rend-il le portrait de Monsieur Muo captivant et humoristique?

   _____

   _____

   _____

4. Quelle(s) obsession(s) apparente(s) de Monsieur Muo est (sont) mise(s) en avant?

   _____

   _____

   _____

5. Quel est le métier de Monsieur Muo? Quelles activités décrites dans le texte l'indiquent?

   _____

   _____

   _____

6. Pourquoi Monsieur Muo fait-il tant attention à sa valise?

   _____

   _____

   _____

7. Ce portrait suscite-t-il de la sympathie pour le personnage principal ou d'autres sentiments? Expliquez vos réactions.

   _____

   _____

   _____

8. Comment est le voisin de Monsieur Muo? Commentez leur échange.

_____

_____

_____

9. Ce passage se situe dans un train, un moyen de transport qui permet de se déplacer, de bouger. Expliquez ce que ce décor apporte au portrait (de manière littérale, mais aussi métaphorique).

_____

_____

_____

Résumé et réflexions

D'abord, faites un résumé du texte. Ensuite, dans votre journal, esquissez le portrait de Monsieur Muo (portrait physique et moral). Connaissez-vous une personne qui lui ressemble? Expliquez les ressemblances et les différences entre ces deux individus.

Analyse structurelle

1. Dans quel paragraphe le portrait commence-t-il?

_____

2. Dans chaque paragraphe, le narrateur ébauche différentes facettes du personnage: portrait physique, psychologique, social et intellectuel. Relevez les expressions utilisées pour chaque type de portrait.

_____

_____

_____

3. Ce passage contient une multitude d'autres portraits, plus courts. Trouvez-les. Quelle fonction domine, la narration ou la description? (Comment) est-ce que ces autres portraits contribuent à celui de Monsieur Muo? Expliquez.

_____

_____

_____

4. Identifiez les passages de natures descriptive et narrative. Quels sont les différents effets évoqués par ces techniques?

_____

_____

_____

5. Identifiez le dialogue dans cet extrait. Qu'est-ce que l'échange avec le voisin apporte au portrait de Monsieur Muo? Est-ce qu'il confirme, développe ou contredit le portrait ébauché dans les autres paragraphes?

_____

_____

_____

Analyse stylistique

1. Ce portrait commence par des détails négatifs qui vont permettre d'introduire un contraste dans le premier paragraphe. Identifiez-les et expliquez-en les effets.

_____

_____

_____

_____

2. Relevez dans le reste du texte des négations (ne… pas, ne… rien, personne ne) utilisées pour faire le portrait du personnage principal. Pourquoi utiliser ces techniques?

_____

_____

_____

3. Relevez les images et les expressions qui signalent des contrastes et des oppositions dans chaque paragraphe, en différenciant les traits physiques, psychologiques, sociaux ou intellectuels.

_____

_____

_____

4. Les verbes sont à l'indicatif présent. Quels sont les effets de l'utilisation dominante du présent dans un portrait?

_____

_____

_____

5. Il y a plusieurs emplois du participe présent. Trouvez-les et expliquez-en l'usage.

_____

_____

_____

6. Quel(s) est (sont) le(s) fil(s) conducteur(s) du portrait de Monsieur Muo?
Expliquez les divers sens du titre inventé pour ce passage. Trouvez d'autres titres
appropriés pour refléter tous les fils conducteurs révélés.

_____

_____

_____

_____

_____

Les actes de parole

Ce portrait

- livre des traits physiques du personnage et dépeint sa personnalité,
- est illustré par un dialogue ainsi que des réflexions intérieures.

Les actes de parole et les groupements de vocabulaire suivants vous aideront à
faire un portrait.

Pour décrire l'aspect physique

La beauté

Il/Elle est... | beau (belle), attrayant(e), charmant(e), ravissant(e), exquis(e),
chic, élégant(e), cultivé(e).

La laideur

Il/Elle est...   vilain(e), affreux(-euse), hideux(-euse), laid(e), moche.

La taille/La stature

Ce personnage est... | grand, petit, mince.
C'est un personnage... | maigre, gros, corpulent, obèse.

Il/Elle mesure un mètre soixante-trois.
Il/Elle pèse 48 kilos.
Il/Elle est bien/mal charpenté(e).

Les membres

Ses membres (ses bras, ses jambes) sont... | maigres, grêles, fin(e)s, délicat(e)s,
long(ue)s, court(e)s,
osseux(-euses), doux(-ces), lisses.

Ses mains sont... | blanches, rugueuses, calleuses,
Il/Elle a les (des) mains... | crevassées.

La tête

Il/Elle a   le (un) visage... | régulier, fin, allongé, carré, rond,
plein, maigre, anguleux, osseux,
ridé, pâle, barbu.

Il/Elle a   une figure... | agréable, laide, sotte, intelligente.

Il/Elle a   les (des) yeux... | en amande, enfoncés, exorbités, globuleux,
saillants.

Ses yeux	sont...	vifs, ardents, brillants, perçants, tristes, rieurs, malins, espiègles.
	rayonnent...	de joie.
	brillent...	de colère.
Il/Elle a	le front...	haut, bas, large, étroit.
	le nez...	droit, pointu, aquilin.
	les lèvres...	minces, fines, épaisses, sensuelles.
	les cheveux...	blonds, roux, châtains, bruns, gris, grisonnants, blancs, longs, courts, en brosse, bouclés, frisés, ondulés, lisses.

Il/Elle a   bonne/mauvaise mine.

La voix

| Il/Elle a une voix... | faible, forte, puissante. |
| Il/Elle parle d'une voix... | basse, haute, rauque, claire, grave, aiguë, perçante. |

Pour parler du caractère

afficher + substantif:	Il affiche une assurance surprenante.
avoir l'air + adjectif:	Il a l'air espiègle.
être dépourvu(e) de + substantif:	Il est dépourvu de charme.
jeter un regard + adjectif:	Il jette un regard curieux sur son voisin.
remarquer quelque chose de + adjectif:	Il remarque quelque chose de bizarre.
répondre d'un ton + adjectif:	Il répond d'un ton sévère/léger.
se distinguer par + substantif:	Il se distingue par son physique.

Pour renforcer le rapport entre l'aspect physique et le caractère

Son visage...	exprime, témoigne d', démontre, révèle, rayonne d', cache	une joie profonde.
L'homme...	à la barbe, aux cheveux [roux]...	
Son sourire...	accentue, souligne, dissimule, fait oublier, rappelle, évoque, contraste avec, s'harmonise avec [son mauvais caractère].	
Sa corpulence/Sa maigreur nous...	séduit, impressionne, étonne, effraye, horrifie, choque, amuse, distrait, dégoûte, attire.	
Il/Elle est...	plein(e) de bonne volonté. doué(e) d'un esprit vif.	
La bonne volonté...	lui fait défaut. n'est pas dans son caractère. ne correspond pas à son caractère.	
Il/Elle manque de (d')...	générosité, courage, humour.	

Exercices

🚶 A. Transformez la phrase.

Employez une des formules présentées ci-dessus pour exprimer une variation de chaque phrase. Attention aux temps verbaux! Ensuite, comparez vos phrases avec celles d'un(e) camarade de classe. Avez-vous choisi les mêmes variations ou sont-elles différentes?

Modèle   Dans son visage, on voit une expression de fatigue.
Son visage exprime la fatigue.

1. Je suis impressionné(e) par son talent.

    _____

    _____

2. Il n'était pas sincère.

    _____

    _____

3. J'ai vu son esprit ouvert dans ses gestes.

    _____

    _____

4. Il regarde son voisin avec un air sévère.

    _____

    _____

5. Le petit enfant qui a les cheveux blonds est mon neveu.

    _____

    _____

6. Nous sommes choqués par son grand appétit.

    _____

    _____

7. Il a beaucoup de talent.

    _____

    _____

8. Elles n'étaient pas créatives.

    _____

    _____

9. Il a mauvais caractère.

_____

_____

10. Cette dame est ennuyeuse et sans aucun charme.

_____

_____

B. Les âges de la vie.

Imaginez que le personnage sur la photo se décrive, dans un journal, à l'âge de dix ans, à son âge actuel (sur la photo) et à un âge avancé. Écrivez les trois textes de son point de vue. Utilisez les mots et les expressions présentés aux pages précédentes.

Rawpixel.com/Shutterstock.com

Pour décrire: La position des adjectifs

Les adjectifs se placent normalement après le substantif. Il existe néanmoins des groupes d'adjectifs qui précèdent toujours le substantif:

- les adjectifs ordinaux (*premier, deuxième,* etc.)
- les adjectifs possessifs (*mon, ton,* etc.)
- les adjectifs démonstratifs (*ce, cette,* etc.)
- certains adjectifs de quantité (*chaque, plusieurs, tout*)

D'autres adjectifs qui précèdent le substantif sont: *beau, bon, court, dernier, gentil, grand, gros, jeune, joli, large, long, mauvais, petit, tel, vieux, vilain.*

Certains adjectifs changent de signification selon leur place dans la phrase. Étudiez le tableau suivant.

un ancien ami *(former)*	une ville ancienne *(ancient)*
une brave femme *(good, reliable)*	une femme brave *(courageous)*
une chère amie *(dear)*	un vase cher *(expensive)*
de différentes races *(various)*	des races différentes *(varying, divergent)*
un grand homme *(great)*	un homme grand *(tall)*
la même étudiante *(same)*	l'étudiante même *(very, herself)*
le pauvre type *(unfortunate)*	le type pauvre *(poor)*
sa propre voiture *(own)*	sa voiture propre *(clean)*
un sale politicien *(nasty)*	un appartement sale *(dirty)*
une seule personne *(only)*	une personne seule *(alone, lonely)*

 **Exercices**

A. La place de l'adjectif.

En vous servant de la liste de vocabulaire dans la section «Pour décrire: La position des adjectifs», placez l'adjectif proposé avant ou après le substantif. N'oubliez pas de l'accorder avec le substantif.

1. Ce vieillard n'a pas d'amis. C'est un _____ homme _____. (seul)

2. Ce criminel? Quel _____ type _____! (sale)

3. J'adore Julie. C'est une _____ amie _____. (cher)

4. La maison est en excellent état. Le (L') _____ propriétaire _____ l'a bien entretenue. (ancien)

5. Ce général est très renommé. C'est un _____ homme _____. (grand)

6. Cette famille n'a pas beaucoup d'argent. C'est une _____ famille _____. (pauvre)

7. Il faut montrer de la solidarité entre les _____ peuples _____ pour combattre le racisme. (différent)

B. Traduisez.

Traduisez les phrases suivantes en français.

1. That poor guy! He always has a lot of problems.

_____

2. Is it true that tall people are more successful?

_____

3. I'll take my own car.

_____

4. My dear friend Michael will see his former wife over the holidays.

_____

5. It is the same apartment you had last year.

_____

6. Our neighbor took great risks during the war. I've never seen such a courageous person.

_____

C. Un portrait.

Décrivez, sans révéler son nom, une personne que tous vos camarades de classe connaissent. Employez le vocabulaire des pages 38–39, des adjectifs variés et des verbes au passé ou au présent. Lisez votre paragraphe à la classe qui devra deviner de qui il s'agit.

Atelier d'écriture II

Maintenant, révisez et complétez votre ébauche esquissée dans l'Atelier I. Élaborez-la en répondant aux questions suivantes et en utilisant les principes du texte de Sijie.

1. Quels mots pourraient être utiles pour décrire cette personne physiquement? Formulez ou reformulez une de vos phrases en employant quelques-uns de ces mots.

_____

_____

_____

_____

Écrivez deux phrases au présent ou à l'imparfait pour décrire cette personne.

_____

_____

2. Notez quelques traits psychologiques de cette personne. Comment est-ce que vous décririez sa personnalité? Formulez ou reformulez deux phrases pour mieux décrire sa personnalité.

_____

_____

_____

3. Racontez l'action que vous avez décrite dans l'Atelier I pour mettre en relief un trait de caractère.

_____

_____

_____

_____

_____

4. Écrivez un dialogue entre votre personnage et quelqu'un d'autre.

_____

_____

_____

_____

La stylistique

Pour varier l'expression

Le rythme d'un texte joue un rôle aussi important que le choix d'un verbe ou d'un substantif expressif. Un texte où la syntaxe sujet-verbe-objet domine devient monotone; il ne réussit pas à attirer l'attention du lecteur.

L'emploi d'une proposition relative permet de varier l'expression, tout en ajoutant de l'intérêt aux propos d'un texte. Elle peut aussi rendre le style plus intéressant.

Relier deux phrases avec un pronom relatif
(Mon fils est vraiment nul, nul, nul en anglais. + Mon fils est au lycée. →)   Mon fils, _qui_ est au lycée, est vraiment nul, nul, nul en anglais.   (Personne ne remarque ni M. Muo ni sa vigilance maniaque. + Il affiche une vigilance maniaque vis-à-vis de sa Delsey modèle 2000. →)   Personne ne remarque ni M. Muo ni la vigilance maniaque _qu'_il affiche vis-à-vis de sa Delsey modèle 2000.

Il est parfois possible de remplacer une proposition relative introduite par _qui_ ou _que_ par un participe passé.

Proposition relative → Participe passé
(... à noter des rêves sur un carnet d'écolier qu'il avait acheté en France... →)   ... à noter des rêves sur un carnet d'écolier _acheté_ en France...   (Un garçonnet d'une dizaine d'années qui était assis par terre... →)   Un garçonnet d'une dizaine d'années, _assis_ par terre,...

Cet emploi du participe passé évite non seulement l'emploi d'une proposition relative qui peut alourdir le style, mais il permet aussi la suppression du verbe _être_, verbe plat qui appauvrit l'expression.

Une autre technique pour qualifier un nom ou un pronom est l'emploi du participe présent. Employé seul, sans préposition[4], il modifie un nom ou un pronom et indique la cause ou le résultat d'une action ou d'une circonstance qui accompagne une action.

---

[4]Employé avec la préposition _en_, le participe présent exprime la simultanéité de deux actions: _En dînant, nous regardons la télé._ Voir le Chapitre 6.

Proposition relative/forme conjuguée du verbe → Participe présent
(Des employées en uniforme des chemins de fer qui poussaient des chariots en file indienne… →) Des employées en uniforme des chemins de fer *poussant* des chariots en file indienne… (… il ôte ses chaussures de fabrication française, ce qui dévoile des chaussettes rouges… →) … il ôte ses chaussures de fabrication française, *dévoilant* des chaussettes rouges…

Exercices

A. Une analyse.
Identifiez les deux phrases reliées par le pronom relatif. Ensuite, analysez le rôle de ce pronom. À qui/quoi se réfère-t-il? Quelle est sa fonction dans la phrase qu'il introduit?

Modèle   Pour mon devoir, j'ai choisi de parler d'une œuvre littéraire qui m'a beaucoup plu.
J'ai choisi de parler d'une œuvre littéraire. Cette œuvre littéraire m'a beaucoup plu.
Qui *se réfère à l'œuvre littéraire.* **Qui** *représente le sujet de la proposition que ce pronom introduit.*

Je viens de lire un roman épatant, *Le Complexe de Di,* qui à mon avis représente un chef d'œuvre de la littérature francophone. Dans un épisode que j'ai particulièrement apprécié, M. Muo fait un voyage en train. À contrecœur, il parle de son travail avec un autre voyageur. Clairement, il n'affiche pas beaucoup d'estime pour l'homme avec qui il discute. Ce que je trouve amusant dans cette scène, c'est le portrait de M. Muo. Le romancier crée un personnage dont les traits particuliers sont inventoriés en grand détail. Mais ce qui m'intéresse le plus, c'est la fascination évidente de M. Muo pour tout ce qui est français. J'ai envie de visiter ce pays qui a produit tant de biens de luxe et de chefs-d'œuvre littéraires.

1. _____

2. _____

3. _____

4. _____

5. _____

6. _____

B. De la phrase simple à la phrase complexe.
Reliez les deux phrases en employant un pronom relatif.

1. Monsieur Muo est dépourvu de beauté. Il mesure un mètre soixante-trois.

_____

2. Il surveille sa Delsey. Personne d'autre ne remarque sa Delsey.

_____

3. Les paysannes proposent des cannettes de Coca. Ces paysannes ont peu de ressources.

_____

4. Le voisin de droite l'appelle «Monsieur le binoclard». Cela ne plaît pas à M. Muo.

_____

5. M. Muo note ses rêves. Dans ses rêves, il s'exprime en français.

_____

C. Le participe passé.

Dans les phrases suivantes, remplacez la _proposition subordonnée_ par un participe passé. Faites tous les changements nécessaires.

1. Le travail qui a été fait par cet artisan n'était pas de bonne qualité.

_____

2. L'homme qui sera choisi devra assumer beaucoup de responsabilités.

_____

3. Je ne suis pas content du rapport que Dupont a écrit.

_____

4. Tu as vu la pièce qui a été montée par cette troupe canadienne?

_____

5. Le repas que ce grand chef a préparé était immangeable.

_____

D. Le participe présent.

Transformez les propositions en italique en les mettant au participe présent.

1. Il est parti rapidement; _il a juré_ de ne plus jamais revenir.

_____

2. _Comme l'eau est_ peu profonde, ils traversent la rivière sans difficulté.

_____

3. _Il voulait_ faire plaisir à sa mère; il lui a acheté des fleurs.

_____

4. _Nous craignions_ d'être en retard, nous nous sommes mis à courir.

_____

5. Les enfants, *qui obéissaient* à leurs parents, sont allés se coucher.

_____

6. Les automobilistes *qui venaient* de Cannes ont trouvé des embouteillages affreux.

_____

7. *Il aime* la solitude, il habite à la campagne.

_____

8. Un incendie, *qui cause* beaucoup de dégâts, a lieu tous les ans.

_____

Pour mettre en relief un élément de la phrase

On peut souligner l'importance d'un élément de la phrase en le faisant précéder de *ce que* ou *ce qui* et en le résumant par la formule *c'est/ce sont*. Varier la syntaxe, c'est aussi rendre votre texte plus vivant. Attention! Cette technique est à utiliser avec modération, pour qu'elle ne perde pas sa valeur expressive.

Pour mettre en relief un élément de la phrase
J'écris **du français.** → Ce que j'écris, **c'est du français.** (*Le français est mis en relief.*)
Les banalités m'ennuient. → Ce qui m'ennuie, **ce sont les banalités.** (*Les banalités sont mises en relief.*)

Exercice

Transformez.
Utilisez la formule *ce qui/ce que... c'est/ce sont* pour mettre en relief le(s) mot(s) en caractères gras.

1. **Votre dossier** est très intéressant.

_____

2. Tu suis **mes conseils**?

_____

3. Ils commettent **une grave erreur.**

_____

4. Elle dit **la vérité.**

_____

5. Nous admirons **son courage.**

_____

6. **Ses opinions** ne plaisent pas à tout le monde.

_____

Entraînez-vous!

Voici un portrait rédigé par une étudiante américaine qui traite du thème du chapitre et qui en utilise les techniques. Analysez-le, en faisant bien attention au choix du vocabulaire et des verbes, à l'emploi des propositions subordonnées, ainsi qu'à l'organisation du texte.

Aimez-vous ce texte? Pourquoi ou pourquoi pas? Quels changements y apporteriez-vous?

—En surface—

L'artiste tremblait un peu quand l'homme est entré. Il avait fait des portraits pour des dizaines de gens, mais il savait que cet homme serait différent.

—Il y a une chaise pour vous, si vous voulez.

L'homme l'a regardé avec les yeux foncés et rieurs. «Non, merci, je suis à l'aise ici.» Il avait une voix basse, et un timbre qui manquait de sincérité. 5

Le peintre se concentrait sur le blanc de son tableau. Il avait peur: *Peut-être ma palette n'a-t-elle pas assez de couleurs? Comment est-ce que je peux trouver un rose vif pour son nez bulbeux?*

L'homme ne bougeait pas du tout. Il restait immobile, ses poings sur ses hanches, avec un petit sourire sur ses fines lèvres. 10

Tout le monde connaissait cet homme. Il était Paraguayen, un sale politicien qui avait gagné son argent par des méthodes brutales.

Il faut que je fasse une peinture flatteuse, sinon… Le peintre a cherché du gris pour commencer les cheveux ondulés. *J'ai entendu des histoires… Son visage charmant contrastait avec son mauvais caractère.* 15

L'homme a levé un sourcil, comme s'il avait entendu ses pensées. Le peintre a rougi et a continué de peindre son haut front.

Le rouge de sa veste me rappelle le sang… Le peintre a grelotté un peu. *Calme-toi. C'est un homme bien éduqué et cultivé. Il ne va pas te blesser.*

—Vous me trouvez détestable? L'homme a arrangé sa cravate noire. Je ne 20
suis pas vilain, Monsieur. Je vous jure que les gens aiment penser le pire de moi.

—N-n-non, pas du tout. Le peintre était en train de travailler sur son bras grêle quand l'homme l'a interrompu, et il ne savait pas quoi dire.

—Du tout? Vous ne croyez pas que je sois malhonnête ou cruel?

—C'est possible que vous le soyez, et je l'ai bien entendu dire, mais je ne 25
vous connais pas.

L'homme riait. «J'aime ça, que vous ne mâchiez pas vos mots.»

Le peintre n'a rien répondu. Il avait presque fini son tableau. *Il faut que je sois poli et aimable. J'espère qu'il aimera son portrait… Sinon… Mais comment est-ce qu'il ne peut pas l'aimer, même s'il est sans talent et malveillant?* Il a reculé un peu. 30
Le portrait était magnifique; toutes les couleurs étaient parfaites, et l'homme paraissait élégant et innocent. Et jeune; le peintre n'avait pas mis toutes les couleurs.

Subitement, l'homme était derrière lui. «Je l'adore», dit-il simplement. «Le chauffeur viendra le chercher demain. Il arrivera avec votre argent aussi.» 35

Sans un autre mot, l'homme est parti.

Le peintre s'est assis. Il regardait le tableau. Bien mal acquis ne profite jamais.

Atelier d'écriture III

Terminez le portrait que vous avez ébauché au cours du chapitre. Décrivez l'aspect physique et psychologique de la personne en ajoutant une anecdote et un dialogue bref pour illustrer son caractère et son état d'esprit.

Retouches

Maintenant, relisez attentivement votre texte. Pensez à varier votre description en employant des comparaisons et une variété d'adjectifs pour enrichir votre langue.

Rappel: Pour faire le portrait d'une personne, suivez les conseils suivants:

1. Pensez à cette personne sous différents aspects (aspect physique, personnalité, milieu dans lequel elle évolue). Cherchez du vocabulaire spécifique pour chaque catégorie.
2. Pensez à une anecdote qui met en avant quelques aspects de son portrait physique et psychologique.
3. Imaginez les réactions d'autres personnes (y compris vous, le narrateur/la narratrice) lors de cette anecdote ou bien l'impact de cette anecdote sur le milieu du personnage décrit.
4. Pensez à un titre qui met en relief l'idée centrale du portrait.
5. Faites attention aux temps des verbes si vous écrivez au passé! Vous utiliserez l'imparfait pour dépeindre le décor, le personnage (physiquement, psycho-logiquement) et les actions répétées, mais vous utiliserez le passé simple ou le passé composé pour décrire les actions ou les réactions qui n'ont eu lieu qu'une seule fois dans le passé.
6. Utilisez les techniques pour varier l'expression pour éviter la monotonie.
7. N'oubliez pas de vérifier les éléments suivants:
   - l'orthographe et les accents
   - les accords (adjectif-nom, verbes au passé composé, compléments d'objet employés avec le passé composé)
   - les conjugaisons au présent, à l'imparfait, au passé composé et au passé simple

Dictionnaire personnel. De quels nouveaux mots vous êtes-vous servi(e) pour écrire votre description? Ajoutez-les à votre dictionnaire personnel.

Révision en groupes. Commentez et corrigez la composition d'un(e) autre étudiant(e) ou d'autres étudiant(e)s selon le système proposé par votre professeur.

Version finale. Rédigez la version finale de votre composition en prenant en compte les commentaires des étudiant(e)s et/ou ceux du professeur.

Écriture libre

Écrivez un portrait de vous-même, mais du point de vue de quelqu'un (ou de quelque chose) d'autre: une personne qui vous observe, un(e) ami(e), un chat, un objet qui vous «regarde».

Chapitre 3

Le compte rendu

Le compte rendu d'un livre, d'un film ou d'un spectacle est un rapport succinct composé d'un résumé et d'une analyse critique de l'œuvre, suivis de l'opinion personnelle de la rédactrice sur les mérites et défauts de l'œuvre.

Il est destiné à des lecteurs qui n'ont probablement pas lu ce livre ni vu ce film ou ce spectacle. Le compte rendu doit donc attirer l'attention, dès le début, par une phrase ou un paragraphe marquant(e) par sa concision et par son ton vif. Le résumé de l'intrigue doit tenter d'être objectif et l'analyse critique doit aborder toutes les techniques utilisées pour présenter l'intrigue (langue, construction du texte, acteurs, images, musique,...). Enfin, l'opinion personnelle de l'auteure en conclusion permet de comprendre son admiration ou sa réserve à l'égard de l'œuvre discutée.

Point de départ

Où trouve-t-on des comptes rendus de films? Aimez-vous les lire avant d'aller voir un film ou après l'avoir vu? Pourquoi? Quelles informations cherchez-vous dans un compte rendu?

Écriture d'invention

Imaginez qu'un(e) cinéaste va tourner un film basé sur votre vie. Quelles stars joueront les rôles principaux? Expliquez vos choix.

Atelier d'écriture I

Comme tâche finale, vous allez faire le compte rendu d'un film que vous avez vu récemment et qui vous a plu.

Pour commencer votre première ébauche, notez le titre, le nom du/de la cinéaste (metteur [-euse] en scène, etc.) et le genre du film. Ensuite, faites un court résumé du film, en utilisant la formule *Il s'agit de…* Par exemple, *Dans ce film, il s'agit d'une femme qui rencontre un homme dans un bar. C'est le coup de foudre et ils décident de partir à l'aventure…*

_____

_____

_____

_____

_____

Vocabulaire utile

Pour parler d'un film

Les genres

une comédie (romantique, de mœurs)	un film… à suspense
une comédie musicale	biographique (un biopic)
un documentaire	criminel
un drame comique	d'action
un drame psychologique	d'animation
un feuilleton	d'aventures
un mélodrame	d'épouvante
un *road movie*	d'espionnage
un téléfilm	d'horreur
un thriller	de science-fiction
une tragédie	historique
un western	noir
	policier
	publicitaire

un court métrage
un long métrage
une adaptation
une parodie
une publicité

La réalisation d'un film

un acteur/une actrice

un(e) cinéaste

un metteur/une metteuse en scène

un réalisateur/une réalisatrice

une bande-annonce

une bande sonore

la CGI (imagerie générée par ordinateur)

un effet spécial

un générique

la mise en scène

un scénario

le septième art

en couleur

en noir et blanc

D'autres termes

un achat digital

un cadre, un encadrement

un écran

un film (une vidéo, un programme) en streaming

la mobiquité (n'importe quand, n'importe où et sur n'importe quel appareil)

le mode en ligne, le mode hors-ligne

une plateforme de streaming

la vidéo à la demande (VàD ou VoD)

la vidéo à la demande par abonnement (VàDA ou SVoD)

Pour raconter l'intrigue

une scène, une séquence

le début

le dénouement

Dans cette comédie romantique, il s'agit de...

Ce documentaire traite du problème de...

Ce drame comique évoque...

Pour expliquer les réactions des spectateurs

Substantifs	**Adjectifs**	**Verbes**
un coup de théâtre	convaincant(e)	choquer
des images (étonnantes)	crédible	donner la chair de poule
un navet	(un peu) décevant(e)	émouvoir
un régal	fantastique	ennuyer
un rôle surprenant/ inattendu/banal	haletant(e), plein(e) de suspense	faire peur
un ton léger	humoristique	laisser insensible/froid(e)
	incroyable	surprendre
	invraisemblable ≠ vraisemblable	susciter des émotions fortes
	mièvre	troubler
	sentimental(e)	
	surprenant(e)	
	violent(e)	

Exercices

A. Identifiez.

Cherchez sur Internet cinq films francophones de différents genres et remplissez la grille en utilisant le vocabulaire présenté aux pages précédentes. Le premier peut vous servir d'exemple.

Film	Genre	Metteur en scène	Il s'agit de/d'...
Lucy	film d'action, de science-fiction	Luc Besson	une jeune femme qui développe des pouvoirs intellectuels illimités.

B. Un compte rendu.

Écrivez un compte rendu de votre film préféré. Quel genre de film est-ce? Qui sont les acteurs? Quel est le sujet? De quoi s'agit-il?

_____

_____

_____

_____

_____

_____

_____

_____

_____

_____

_____

_____

C. Devinez!

Travaillez en groupes pour préparer un court compte rendu d'un film que tous les étudiants connaissent probablement, sans nommer ni les acteurs, ni le titre, ni le réalisateur/la réalisatrice. Présentez votre compte rendu à la classe qui devra deviner le titre et le nom du réalisateur/de la réalisatrice du film.

Simon Laberge

—Magie d'Afrique—

À propos du réalisateur…

Michel Ocelot, cinéaste français qui a passé son enfance en Guinée, a consacré sa carrière aux films d'animation. Son premier long métrage, Kirikou et la sorcière *(1998) a gagné de nombreux prix internationaux, y compris: le Grand Prix du long métrage au Festival International du Film d'Animation d'Annecy, en France; le Prix du Jury Enfants et le Prix du Jury Adultes au Festival International du Film pour Enfants, à Chicago, aux USA; et le Prix Spécial du Jury au Festival International du Film pour Enfants, à Montréal, au Canada. Après le grand succès de* Kirikou et la sorcière, *Ocelot a tourné la suite,* Kirikou et les bêtes sauvages *(2005). Les deux films sont adaptés dans la comédie musicale* Kirikou et Karaba *(2007).*

1   Vous souffrez d'une légère dépression en cette fin d'hiver? Vous n'en pouvez plus du septième art à la sauce hollywoodienne? J'ai quelque chose qui devrait vous remonter le moral. Un petit film d'animation dont la beauté et l'intelligence pourraient vous redonner foi en le genre humain.

2   *Kirikou et la sorcière* est un film d'animation, réalisé par Michel Ocelot et   5
sorti à la fin de 1998. Il met en scène un conte inspiré des légendes d'Afrique de l'Ouest. L'histoire raconte les aventures de Kirikou, un garçon né dans un petit village d'Afrique maudit par la sorcière Karaba. La source d'eau est tarie et les hommes du village sont morts, dit-on, dévorés par la sorcière. Le petit Kirikou, peu satisfait des explications que les villageois lui donnent, veut savoir   10
pourquoi Karaba est si méchante. Pour obtenir des réponses à ses questions, il devra traverser le territoire de Karaba pour se rendre là où réside son grand-père, un sage qui pourra le renseigner.

3   *Kirikou et la sorcière* est un conte extraordinaire, magique. Il vient chercher au fond de nous cette parcelle d'émerveillement que l'on croit perdre en   15
vieillissant. Au premier abord, le film peut sembler trop naïf pour intéresser un adulte, mais il serait bien dommage de s'arrêter à cette impression. L'intelligence du récit apparaît à celui qui prend la peine de regarder au-delà de l'apparente simplicité de l'ensemble. Visuellement, *Kirikou et la sorcière* est loin des prouesses techniques que nous servent les grands studios d'animation   20
américains comme Disney. Par contre, si l'animation est parfois limitée aux techniques de l'animation classique, le film n'en est pas pour autant pauvre. Au contraire, un ensemble plus diminutif se prête mieux au style de la narration. Les couleurs sont somptueuses, les décors parfois étranges. Côté sonore, on ne peut qu'être envoûté par les rythmes africains de Youssou N'Dour (joués sur   25
instruments traditionnels).

4   Mais, pour être tout à fait franc, une partie du plaisir que j'ai ressenti devant ce film provenait du dépaysement qu'il peut procurer. Il ne faut pas se le cacher, malgré l'avènement du «village global», la culture africaine est encore étrangère à nos contrées enneigées. Pour le Québécois moyen, l'histoire   30
même de Kirikou et de la sorcière peut être déroutante. Les contes d'Afrique de l'Ouest comptent plusieurs différences marquées avec nos contes occidentaux, peuplés de fées et de rois dans leurs châteaux de pierre. Les fétiches et les gris-gris sont des concepts rarement évoqués chez nous. Si ceci en rebutera quelques-uns, d'autres seront enchantés par cette bouffée d'air frais qu'amène   35
ce dépaysement.

5   De plus, comme dans la plupart des contes à travers le monde entier,
on peut y trouver beaucoup plus que ce que l'histoire semble vouloir nous
raconter. Kirikou ne fait pas exception à la règle. Derrière les aventures d'un
gamin extraordinaire qui lutte pour son village se trouve une leçon de vie sur   40
la superstition et l'ignorance. Le message est simpliste, peut-être, mais
combien charmant. Si vous laissez la peur et la superstition s'emparer de
vous, jamais vous ne pourrez régler vos problèmes. L'ignorance est la source
de bien des maux.

From movie review of Kirikou, "Magie d'Afrique" by Simon Laberge,
as found on http://www.cadrage.net.

Réactions et compréhension

1. Quel est l'objectif principal de ce compte rendu? A-t-il été atteint? Expliquez vos
réactions.

   _____

   _____

2. Pourquoi Kirikou part-il de son village? Qu'est-ce qu'il cherche ou cherche à savoir?

   _____

   _____

3. Ce film est-il trop naïf pour les adultes? Expliquez.

   _____

   _____

4. Quel est le message du film?

   _____

   _____

   _____

5. Aux lecteurs de quel pays ce compte rendu est-il destiné?

   _____

6. Qu'est-ce que l'auteur semble supposer au sujet de ses lecteurs (leurs goûts et leurs
expériences)?

   _____

   _____

   _____

7. À quels films l'auteur compare-t-il *Kirikou et la sorcière*?

_____

_____

_____

8. L'auteur de ce compte rendu anticipe des arguments dénigrant la valeur de ce film et y répond. Trouvez deux critiques de ce film implicites dans ce texte.

_____

_____

_____

9. Donnez deux raisons pour lesquelles, selon l'auteur, ce film vaut la peine d'être vu.

_____

_____

_____

Résumé et réflexions

D'abord, faites un résumé du compte rendu. Ensuite, répondez aux questions suivantes. Après avoir lu ce compte rendu, avez-vous envie de voir *Kirikou et la sorcière*? Pourquoi ou pourquoi pas? Quelles questions aimeriez-vous poser au journaliste pour mieux apprécier ce film?

Analyse structurelle

1. Donnez un titre (très simple) à chaque paragraphe du compte rendu, puis identifiez la fonction ou le but de chaque paragraphe, vis-à-vis des lecteurs: éveiller l'intérêt des lecteurs, convaincre les lecteurs, etc.

	titre	but
paragraphe 1	_____	_____
	_____	_____
paragraphe 2	_____	_____
	_____	_____
paragraphe 3	_____	_____
	_____	_____
paragraphe 4	_____	_____
	_____	_____
paragraphe 5	_____	_____
	_____	_____

2. Citez le(s) passage(s) où l'auteur…

   a. identifie le genre _____

      _____

   b. raconte l'intrigue _____

      _____

   c. parle de l'aspect technique du film _____

      _____

   d. évoque la musique _____

      _____

   e. fait allusion au goût hollywoodien _____

      _____

   f. donne son jugement sur le film _____

      _____

Analyse stylistique

1. Voici une phrase tirée du compte rendu. C'est une phrase nominale, c'est-à-dire, une phrase où le verbe est supprimé. Quel verbe a été supprimé? En vous reportant au contexte, dites quel effet stylistique on en tire.

   Un petit film d'animation dont la beauté et l'intelligence pourraient vous redonner foi en le genre humain.

   Verbe supprimé: _____

   Effet: _____

2. Voici quatre exemples de phrases simplifiées. Cherchez les phrases correspondantes dans le texte, écrivez-les et soulignez les mots qui rendent ces phrases plus riches.

   a. Quelques spectateurs seront rebutés par ce dépaysement… d'autres l'apprécieront.

      _____

      _____

      _____

   b. Le film semble naïf, mais ne l'est pas.

      _____

      _____

      _____

c. Kirikou est un film qui raconte les aventures d'un gamin extraordinaire et qui offre une leçon de vie sur la superstition et l'ignorance.

_____

_____

_____

d. La musique est très bonne. On est envoûté par la musique de Youssou N'Dour. On joue des instruments traditionnels.

_____

_____

_____

3. Écrire pour convaincre: Quel est l'effet des phénomènes rhétoriques suivants?

a. l'emploi du pronom *vous* (premier paragraphe)

_____

_____

b. l'emploi de phrases interrogatives (premier paragraphe)

_____

_____

c. l'emploi des expressions *par contre* et *au contraire* (troisième paragraphe)

_____

_____

d. l'emploi de *mais pour être tout à fait franc* (quatrième paragraphe)

_____

_____

e. l'emploi de *malgré* (quatrième paragraphe)

_____

_____

f. l'emploi de l'expression *de plus* (cinquième paragraphe)

_____

_____

Les actes de parole

Pour analyser des films

La structure de l'intrigue

un montage	alterné/parallèle
	intellectuel/idéologique/choquant
	narratif/linéaire/chronologique

un bond en avant
un flashback/un retour en arrière

un rythme	lent
	rapide
	haletant

une surprise
une voix narrative
une voix-off

La position et les mouvements de la caméra

un plan	court/moyen/long
	d'ensemble/de grand ensemble
	américain
	rapproché (à la taille/à la poitrine/aux épaules)

un (très) gros plan

Les styles, mouvements, courants
le classicisme
le romantisme
le surréalisme
l'existentialisme
le post-modernisme
le post-moderne
le cinéma classique
le cinéma commercial
le cinéma d'Art et d'Essai
le cinéma d'avant-garde
le cinéma de la Nouvelle Vague
le cinéma fantastique
le cinéma hollywoodien

Les époques
le Moyen Âge
la Renaissance
le dix-septième (dix-huitième, dix-neuvième, vingtième, vingt-et-unième) siècle
la période moderne
l'époque moderne

Pour émettre un jugement sur un film

Le but du compte rendu est de donner votre opinion du film. Vous considérerez plusieurs domaines avant de donner un jugement global. On peut juger:

la mise en scène	le jeu	l'interprétation
l'intrigue	le développement	la trame *(framework)*
le dénouement	la représentation	l'image

Domaine	Jugement positif	Jugement médiocre	Jugement négatif
les acteurs	étonnants excellents impressionnants	médiocres	manquant d'expérience inexpérimentés
le dénouement	inattendu surprenant	conventionnel	décevant sans intérêt
le jeu	original excellent	banal	mauvais de mauvaise qualité
la mise en scène	soignée	quelconque	sans surprise
la qualité du scénario	supérieure	sans génie pas brillante	dénuée d'intérêt

Pour donner un jugement global

Utilisez ces expressions pour donner votre opinion sur la totalité du film.

Quelques verbes opposés

J'ai beaucoup aimé ce film.	≠	Je n'ai pas du tout aimé ce film.
Je l'ai adoré.	≠	Je l'ai détesté.
Il m'a [beaucoup] plu.	≠	Il ne m'a pas plu du tout.
Ce film m'a intéressé(e).	≠	Ce film m'a exaspéré(e).
Ce film m'a passionné(e).	≠	Ce film m'a ennuyé(e).
Ce film m'a bouleversé(e).	≠	Ce film m'a laissé(e) indifférent(e).

Quelques adjectifs opposés

Je trouve ce film…	bien	≠	mal	fait.
				joué.
				conçu.
				interprété.

Ce film est…	distrayant/amusant	≠	ennuyeux.
	intéressant		sans intérêt.
	captivant		dénué d'intérêt.
	passionnant		médiocre/quelconque/sans intérêt.
	très réussi		incohérent/incompréhensible.
	super/génial.		

C'est un succès.	≠	C'est une catastrophe.
		C'est un navet.

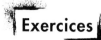 **Exercices**

A. Critiques.

Voici des extraits de quelques comptes rendus tirés d'un site web français. Dites s'il s'agit d'un jugement plutôt positif ou négatif. Ensuite, récrivez le jugement en utilisant des expressions présentées à la page précédente.

Modèle   *Rue Cases-Nègres* d'Euzhan Palcy

Drame historique. Ce chef d'œuvre d'Euzhan Palcy met en scène l'autobiographie de l'auteur martiniquais Joseph Zobel. À travers les yeux de José, joué à merveille par Garry Cadenat, *Rue Cases-Nègres* relate les conditions de vie sur l'île et les rapports entre les Noirs et les Blancs lors des années 1930. Le récit initiatique de ce jeune orphelin témoigne aussi de la transmission d'un patrimoine historique et culturel. C'est un film touchant et inspirant, qui évoque une douceur vibrante. Un fleuron du cinéma antillais.

Votre jugement: *C'est un compte rendu très positif. C'est un film captivant et bien interprété.*

1. *Les Héritiers* de Marie-Castille Mention-Schaar

   Drame. Mélange de drame et de documentaire, *Les Héritiers* raconte la vraie histoire d'une classe de seconde dans une banlieue sensible de Paris et de leur professeure qui, contre toute attente, réussit à les transformer intellec-tuellement et plus important, personnellement. Désespérée par ses élèves chahuteurs, même violents, la professeure Anglès leur propose de partici-per au Concours national de la Résistance et de la Déportation. S'ensuivent discussions, conflits entre élèves de diverses confessions, opposition de l'administration… et une prise de conscience profonde. Film intelligent et émouvant, jeux impeccables, réalisation riche en nuances… ce film devrait être inscrit dans tout programme scolaire.

   Votre jugement: _____

   _____

   _____

2. *L'Oranais* de Lyes Salem

   Drame. Un film qui interroge la mémoire historique, *L'Oranais* rappelle des événements (réels ou imaginés) survenus à l'orée des dernières années du mouvement anti-colonialiste et s'étendant jusqu'aux années 70. La richesse du scénario ne peut pas excuser les défauts de la mise en scène: le film est trop long, ses propos risquent d'imposer une version «canonique» de cette période trop chargée de variations locales/individuelles. À voir, tout en exerçant son esprit critique.

   Votre jugement: _____

   _____

   _____

3. *Le Repas de famille* de Pierre-Henry Salfati.

> **Comédie.** Le duo comique Les Chevaliers du Fiel peut-il tomber plus bas? Encadrée dans le milieu séduisant du Midi, cette histoire d'une réunion familiale, éventuellement riche en gags, nous déçoit par sa tentative de se prendre trop au sérieux. Un film sympathique gâché par ses prétentions, on regrette l'argument politique/social non réalisé, ainsi que les personnages qui manquent de se distinguer du quotidien par un propos critique.

> Votre jugement: _____

> _____

> _____

B. Affiches.

Connaissez-vous bien les films sur ces affiches? Identifiez-en le genre et racontez-en un peu l'intrigue. Si vous ne les connaissez pas encore, cherchez des comptes rendus sur Internet.

1

2

1. _____

_____

_____

_____

2. _____

_____

_____

_____

Atelier d'écriture II

Révisez le résumé que vous avez fait dans l'Atelier I. Faites les exercices ci-dessous et continuez votre travail en ajoutant les mots et les phrases que vous allez insérer ici.

1. Trouvez des mots riches, forts et convaincants pour décrire les aspects suivants du film que vous avez choisi dans l'Atelier d'écriture I.

Le genre	
Le jeu	
La musique	
La mise en scène	
L'intrigue	
Les personnages	
L'interprétation	
La cinématographie	
L'aspect technique	
Le dénouement	

2. Pensez à une première phrase qui donnerait aux lecteurs envie de lire votre compte rendu.

_____

_____

3. En une phrase, donnez votre jugement global sur le film.

_____

_____

La stylistique

La phrase nominale

La phrase nominale, c'est-à-dire une phrase sans verbe, interrompt le rythme du discours. Dans un passage contenant une série de phrases relativement complexes, la simplicité structurale de la phrase nominale attire l'attention du lecteur. Son emploi évite aussi l'usage des verbes plats tels que *être, y avoir,* etc. Employez donc la phrase nominale pour attirer l'attention du lecteur sur un exemple, un jugement, un trait saillant, un aspect inattendu.

     Il y avait, d'un côté, un dispositif multimédia… →

     D'un côté, un dispositif multimédia…

     Voici un exemple. C'était une scène de nuit. La lune était pleine… →

     Exemple. Une scène de nuit: la pleine lune…

     C'était un régal. →

     Un régal.

Exercice

Des comptes rendus.

Choisissez trois phrases de chaque compte rendu ci-dessous et transformez-les en phrases nominales.

1. *Interstellar* avec Matthew McConaughey, Anne Hathaway, Jessica Chastain, Michael Caine, Matt Damon, John Lithgow, Casey Affleck (*Source:* www.avoir-alire.com)

   Interstellar est un film apocalyptique décrivant un monde qui dérape. La Terre est aride, abîmée par la surpopulation et la surconsommation. Le film est américain, et l'esprit de conquête est dans les gènes mêmes de la nation. *Interstellar* est donc une œuvre à l'esprit d'entreprise. Le film est plein d'audaces. Commercialement, il repose sur un budget colossal. Sa durée est également radicale. Le film se prolonge jusqu'à près de 3 heures. *Interstellar* est un objet cinématographique grandiose qui a oublié l'essentiel, la modestie. Nolan se permet tout, souvent pour le meilleur, mais au risque de perdre une partie de ses spectateurs. Il n'empêche, c'est un périple exaltant qui sera sans doute un classique dans son genre.

   _____

   _____

   _____

   _____

   _____

2. *Samba* avec Omar Sy, Charlotte Gainsbourg, Tahar Rahim
   (*Source:* www.femmeactuelle.fr)

   Samba, c'est un sans-papier comme on en croise tous les jours. Arrêté par la police, sa vie est bouleversée: il perd son travail et se retrouve du jour au lendemain sans emploi, sans logement alors qu'il est contraint d'envoyer de l'argent à sa mère au Sénégal. Mais Samba, c'est un peu Alice, une bourgeoise chic victime d'un burn-out. Et Samba, c'est aussi Wilson, qui tente de joindre les deux bouts en multipliant les petits boulots. Les divers personnages ressentent des émotions partagées (communes). Ils doivent faire face à la même solitude, aux mêmes secrets, à la même difficulté à composer avec les épreuves. Ils ont tous envie d'en découdre. Les réalisateurs d'*Intouchables* abordent avec une ingénieuse habileté les sujets majeurs de notre société, mais ils les désamorcent en insistant sur le ludique: c'est le rire et la comédie qui priment. Dans ce film, il s'agit de plus qu'une grande et belle œuvre cinématographique. C'est sûrement un coup de poing.

   _____

   _____

   _____

   _____

   _____

L'infinitif comme sujet

Pour varier le style ou rendre l'expression plus concise, vous pouvez remplacer une proposition verbale par l'infinitif correspondant. Dans l'exemple suivant, remarquez l'emploi de *c'est* pour lier les deux propositions: la deuxième proposition explique ou développe la première.

> Quand/Si on se moque de soi, c'est une preuve d'intelligence. →
>
> *Se moquer de soi, c'est une preuve d'intelligence.*

Exercice

Transformez.

Refaites les phrases suivantes en remplaçant la proposition en italique par l'infinitif qui correspond. N'oubliez pas de faire tous les changements nécessaires.

Modèle   *Quand on mange sainement, c'est le signe du bien-être physique et mental.*
         Manger sainement, c'est le signe du bien-être physique et mental.

1. *Si vous trahissez un ami,* c'est vous trahir.

   _____

2. *L'entraîneur doit choisir le meilleur joueur,* c'est essentiel.

   _____

3. *Si vous lui parlez dans sa langue maternelle,* c'est lui faire plaisir.

   _____

4. *Il veut faire des économies,* c'est une bonne idée.

   _____

5. *Quand on lit de la fiction,* c'est se transposer dans un autre monde.

   _____

Le participe passé pour éviter la voix passive

Évitez la voix passive en employant le participé passé du verbe correspondant.

> L'opéra a été accueilli, du 21 au 24 octobre, par la Maison de la culture de Bobigny... →
>
> *Accueilli, du 21 au 24 octobre, par la Maison de la culture de Bobigny...*
>
> Le film, qui a été signé par Steve Reich pour la musique... →
>
> *Signé par Steve Reich pour la musique... →*
>
> Agar était une jeune et jolie Égyptienne, qui a été abandonnée par le patriarche... →
>
> *Agar était une jeune et jolie Égyptienne, abandonnée par le patriarche... →*

Exercice

Évitez la voix passive.

Dans les phrases suivantes, évitez l'emploi de la voix passive en remplaçant la proposition subordonnée relative par un participe passé.

> Modèle   Le réalisateur du film, qui a été interviewé par un journaliste du *Monde*, a fourni des réponses sans intérêt.
> *Le réalisateur du film, interviewé par un journaliste du* Monde, *a fourni des réponses sans intérêt.*

1. *Tatie Danielle,* qui a été réalisé par Étienne Chatiliez, est une comédie noire.

   _____

   _____

2. L'impression qui est provoquée par ce film est forte et rassurante.

   _____

   _____

   _____

3. Toutes les réalisations de Truffaut, qui étaient appréciées de tout le monde, vont être rediffusées.

   _____

   _____

   _____

4. Ce film, qui est sorti après la mort de l'acteur, a suscité une grande fureur.

   _____

   _____

5. Ce petit film indépendant, qui a été bien reçu par les critiques, a attiré l'attention du grand public.

   _____

   _____

   _____

6. La caméra, qui a été inventée en 1895 par les frères Lumière, fait partie de la vie quotidienne depuis la deuxième moitié du XXᵉ siècle.

   _____

   _____

Entraînez-vous!

Voici un compte rendu, rédigé par une étudiante américaine, qui utilise les techniques enseignées dans ce chapitre. Analysez-le, en faisant bien attention à son organisation. Repérez les parties principales.

Que pensez-vous de ce compte rendu? Est-ce que l'auteure a réussi à rendre compte du film sous de nombreux aspects? Faites une brève critique de ce compte rendu. Quels changements y apporteriez-vous?

—Les Choristes—

Si vous aimez les films d'inspiration, de réflexion, et avec de la belle musique, il faut que vous voyiez *Les Choristes*. Ce drame, réalisé par Christophe Barratier, est sorti en mars 2004. C'est une adaptation du film de Jean Dréville, *La Cage aux rossignols*, sorti en 1945. Un succès en France et dans le monde entier, le film exprime un message universel. 5

De vieux amis, Pierre et Pépinot, entreprennent un pèlerinage sur les lieux de leur passé après avoir lu le journal intime de leur ancien professeur de chœur, Clément Mathieu. Cela provoque un retour en arrière en 1949, quand ils étaient élèves dans un internat pour enfants difficiles. En 1948, Clément Mathieu, professeur de musique sans emploi, accepte un poste de surveillant 10 dans cette institution de rééducation pour mineurs. Le système répressif appliqué par le directeur, Rachin, bouleverse Mathieu. En initiant ces enfants difficiles à la musique et au chant choral, Mathieu parviendra à transformer leur quotidien. Mathieu, musicien raté, arrive à transmettre son amour de la musique. Après avoir entendu un jour les garçons chanter, il décide de créer 15 un chœur, malgré le refus du directeur. En organisant des répétitions secrètes, il apprend à découvrir et à révéler les talents cachés de ces garçons.

Le sujet du film est banal. Pourtant, ce qui rend ce film différent des autres, c'est surtout la musique. Quand les garçons chantent, on comprend que la beauté peut se trouver n'importe où. Ainsi, même si son message est 20 conventionnel, *Les Choristes* le transmet de façon exceptionnelle, avec un jeu d'acteurs attirant, une musique charmante et une cinématographie judicieuse que personne ne devrait manquer.

«Les Choristes» © Maha Hassan

Atelier d'écriture III

Maintenant, écrivez votre compte rendu: un rapport concis sur un film, composé d'un court résumé et de son analyse critique, suivi de votre opinion personnelle sur les mérites et les défauts du film. Assurez-vous d'avoir inclus les éléments esquissés dans les Ateliers I et II.

Suivez les conseils proposés dans ce chapitre ainsi que les indications données par votre professeur pour bien rédiger votre compte rendu.

Retouches

Relisez attentivement votre texte.

Rappel: Il ne s'agit pas de raconter toute l'histoire du film. Votre but est de donner envie d'aller voir le film.

1. Il faut attirer l'attention du lecteur dès le début:
   - par une phrase (ou une expression) marquante (qui soulignera l'originalité du film, par exemple)
   - par un paragraphe marquant (par son ton vif, par exemple)

2. Le premier paragraphe devra également présenter le titre du film, sa date de sortie, son genre, son réalisateur/sa réalisatrice et ses acteurs, et peut-être quelques faits marquants (par exemple, l'emploi de techniques numériques ou bien du noir et blanc, ou encore d'un décor dépouillé, etc.).

3. Le résumé doit être court (il doit se limiter à quelques lignes) et ne doit pas révéler la fin du film.

4. La critique, c'est-à-dire l'évaluation du film, doit aborder toutes les techniques (ou tout au moins plusieurs d'entre elles) utilisées pour présenter l'intrigue (les acteurs, la musique et le son, la construction de l'intrigue, les images, les couleurs, le montage, etc.).

5. Enfin, l'opinion personnelle du rédacteur/de la rédactrice permet de comprendre son admiration ou ses réserves à l'égard du film décrit.

6. N'oubliez pas de vérifier les éléments suivants:
   - l'orthographe et les accents
   - la voix passive et ses substituts
   - la phrase nominale

Dictionnaire personnel. De quels nouveaux mots vous êtes-vous servi(e) pour écrire votre compte rendu? Ajoutez-les à votre dictionnaire personnel.

Révision en groupes. Commentez et corrigez la composition d'un(e) autre étudiant(e) ou d'autres étudiant(e)s selon le système proposé par votre professeur.

Version finale. Rédigez la version finale de votre compte rendu en prenant en compte les commentaires suggérés par les étudiant(e)s et/ou ceux du professeur.

Écriture libre

Préférez-vous voir les adaptations cinématographiques des romans avant ou après avoir lu le texte? Expliquez.

Chapitre 4

La narration

Raconter, c'est faire revivre des événements, de telle sorte
que le lecteur s'y intéresse et ait l'impression d'y assister.
Les qualités essentielles du récit résident dans l'organisation
et dans le ton. Une bonne narration contient quelques mots
sur les personnages, les lieux, le temps, c'est-à-dire sur les
circonstances de l'action. L'action est mise en valeur par le
ton choisi (comique, émouvant, tragique, par exemple). Pour
retenir l'attention du lecteur, il faut varier les styles (narration,
descriptions, dialogues), brosser des portraits rapides et précis,
et faire en sorte que le dénouement reste imprévu.

Point de départ

Connaissez-vous des romans ou des films dans lesquels un événement, un accident ou même un incident relativement banal déclenche une prise de conscience *(realization)*? Décrivez l'incident et le changement qu'il provoque.

Écriture d'invention

Trouvez sur Internet une publicité française qui date des années 60 et qui comprend la photo d'une personne. Écrivez le monologue intérieur de la personne qui figure sur la publicité et qui réfléchit (1) aux choses ordinaires qu'elle a faites pendant la journée (4–5 phrases au passé composé); (2) à ce qu'elle ressent au moment de la photo (1–3 phrases au présent); (3) et à ce qu'elle pense faire (1–2 phrases au futur proche ou au futur). Écrivez à la première personne («je»).

Atelier d'écriture I

Comme tâche finale, vous allez raconter un incident qui a changé la manière dont vous vous jugez vous-même. Vous écrirez votre récit à la première personne. Ce travail préliminaire vous aidera à organiser votre tâche. Vous pouvez aussi vous inspirer des idées que vous avez articulées dans Écriture d'invention.

1. En une phrase, indiquez de quel changement il s'agit. Commencez votre phrase avec l'expression *J'ai découvert que…, J'ai appris que…* ou *Je me suis rendu compte que…* Par exemple, *J'ai découvert qu'un ami est assez déprimé.*

   _____

   _____

2. De quel incident en particulier allez-vous parler? L'incident peut être réel ou imaginaire.

   _____

   _____

3. Où s'est passé cet incident? À quelle époque de votre vie? Quelles en étaient les circonstances? Quel était votre état d'esprit au moment de cet incident?

   _____

   _____

   Maintenant, écrivez plusieurs paragraphes qui racontent l'incident en utilisant les détails ci-dessus. Cette ébauche servira de point de départ à votre composition finale. Au cours du chapitre, on vous demandera de remanier et de réviser ces paragraphes, afin de produire une narration bien développée. Utilisez le vocabulaire suggéré aux pages suivantes pour enrichir votre écriture.

Vocabulaire utile

Pour parler d'événements inattendus

Brusquement,...	quelque chose de (d')	bizarre	a eu lieu.
Soudain,...	un événement	curieux	est arrivé.
Tout à coup,...	un incident	extraordinaire	est survenu.
Tout d'un coup,...		inattendu	s'est passé.
		inouï	s'est produit.
		scandaleux	

Il s'est passé quelque chose... d'effrayant.

On...	a affronté	un obstacle.
	a surmonté	
	a fait face à	

Cet événement m'a...	marqué(e).
	étonné(e).
	surpris(e).
	frappé(e).
	impressionné(e).

J'ai...	pris conscience d'	un changement.
	remarqué	un problème.
	observé	
	noté	

Je me suis rendu compte d'...	
J'ai réalisé[1]...	un projet.
	un but.

Pour parler de réactions

La surprise	La colère	La peine	Le contentement	Le mécontentement	Le soulagement
abasourdi(e)	agacé(e)	blessé(e)	content(e)	anxieux(-euse)	apaisé(e)
choqué(e)	énervé(e)	déçu(e)	extatique	contrarié(e)	calmé(e)
ébahi(e)	enragé(e)	dépité(e)	gai(e)	insatisfait(e)	consolé(e)
étonné(e)	exaspéré(e)	déprimé(e)	heureux(-euse)	jaloux(-ouse)	rassuré(e)
horrifié(e)	fâché(e)	gêné(e)	jovial(e)	malheureux(-euse)	réconforté(e)
sidéré(e)	frustré(e)	honteux(-euse)	joyeux(-euse)	mécontent(e)	satisfait(e)
stupéfié(e)	furieux(-euse)	peiné(e)	ravi(e)	soupçonneux(-euse)	soulagé(e)
surpris(e)	irrité(e)	triste	satisfait(e)	troublé(e)	

---

[1]Le verbe *réaliser* veut dire *concrétiser*. En anglais, il s'exprime par *to carry out (a project)* ou *to achieve (a goal)*. Les verbes *se rendre compte de* et *prendre conscience de* se traduisent en anglais par *to realize*.

(Continued)

Pour raconter des souvenirs

Je me souviens encore du...   jour où...

Je me rappelle le...

Je n'oublierai jamais le...

J'ai de très bons/mauvais souvenirs du...

Je ne suis pas certain(e) des détails, mais...

Si j'ai bonne mémoire,...

Pour parler de l'époque et des circonstances

Cela s'est passé...   voici dix ans.

il y a dix ans.

quand j'avais quinze ans.

le jour où j'ai fêté mon anniversaire.

au moment où il est revenu.

alors que/tandis que nous voyagions.

Pour parler des déplacements

aller   à pied, à/en vélo, en (auto)bus, en métro, en taxi, en voiture

arriver

flâner

rentrer

retourner

revenir

se promener

se balader

Pour communiquer des idées

parler de quelque chose à quelqu'un

discuter de quelque chose avec quelqu'un

bavarder avec quelqu'un

changer   d'avis

d'idée

d'opinion

Exercice

A. Synonymes.

Trouvez un synonyme pour les mots en italique.

1. *Soudain,* quelque chose de bizarre *s'est produit.*

2. Il faut *faire face aux* obstacles.

_____

3. *J'ai remarqué* un changement dans son comportement.

_____

4. *Je me souviens du* jour où j'ai pris l'avion pour la première fois.

_____

5. Sa réponse m'*a soulagé*.

_____

6. En été, les touristes aiment *se balader* à Paris.

_____

7. Tu es trop capricieux. Tu *changes d'opinion* toutes les deux minutes.

_____

8. On a passé deux heures à *parler* de politique au café.

_____

9. Cet événement tragique s'est passé *il y a* trois ans.

_____

10. *Tandis qu'*il conduisait la voiture, elle regardait le plan de la ville.

_____

B. Émotions.
Dites à vos camarades de classe quelle émotion est suscitée chez vous dans les situations suivantes.

1. Quand je ne réussis pas à atteindre un but, je me sens _____.

2. Quand personne ne me téléphone pendant plusieurs jours, je me sens _____

_____.

3. Quand on se moque de moi, j'éprouve du/de la _____.

4. Quand on me pose constamment des questions, je suis _____.

5. Si on me disait que des Martiens avaient atterri sur la Terre, je serais _____

_____.

6. En apprenant que l'histoire de ces Martiens n'était pas vraie, je me suis senti(e) ___

_____.

C. Des visages.

Décrivez les états d'esprit exprimés par ces visages. Utilisez des formules telles que *avoir l'air*, *sembler* et *paraître* dans votre description. Essayez d'imaginer des circonstances qui pourraient expliquer l'état d'esprit de ces personnes.

Portrait of Mademoiselle Caroline Rivière (1793–1803) 1805 (oil on canvas), Ingres, Jean Auguste Dominique (1780–1867)/Louvre, Paris, France/Giraudon/The Bridgeman Art Library

Woman in Blue (Madame Cezanne) 1900–02 (oil on canvas), Cezanne, Paul (1839–1906)/Hermitage, St. Petersburg, Russia/Giraudon/The Bridgeman Art Library

Simone de Beauvoir

—La prise de conscience—

À propos de l'auteure…

> *Au terme de brillantes études de philosophie, Simone de Beauvoir (1908–1986) exerce le métier de professeure, de 1929 à 1943, puis se consacre entièrement à la création littéraire. Elle produit des romans, des essais et des mémoires. Compagne du philosophe influent Jean-Paul Sartre (1905–1980), elle est fortement influencée par lui dans ses premiers essais. Mais sa pensée féministe trouve son plein épanouissement dans* Le Deuxième Sexe, *une étude des divers aspects de l'aliénation féminine. Cette analyse a profondément marqué le mouvement féministe.*

* * *

L'épisode suivant est tiré du roman *Les Belles Images,* publié en 1966. Le titre du roman évoque à la fois la vie et le métier de la narratrice-héroïne, Laurence, qui travaille dans la publicité. Femme aisée, femme à succès, mère de famille, Laurence s'ennuie de cette vie «idyllique» et perd progressivement ses illusions. Dans ce passage, Laurence rentre à Paris de la campagne avec son mari Jean-Charles. Pour Laurence, les événements racontés dans le passage qui suit marquent la naissance d'une prise de conscience.

* * *

1   Badminton, télévision: la nuit était tombée quand nous sommes partis; je ne roulais pas vite. Je sentais la présence de Jean-Charles à côté de moi, je me rappelais notre nuit, tout en fouillant° la route du regard. Soudain, d'un sentier° sur ma droite, un cycliste roux° a jailli° dans la lumière des phares. J'ai donné un brusque coup de volant, la voiture a tangué°, elle s'est renversée 5 dans le fossé.

    —Tu n'as rien?

    —Rien, a dit Jean-Charles. Et toi?

    —Rien.

2   Il a coupé le contact°. La portière s'est ouverte: 10

    —Vous êtes blessés?

    —Non.

3   Une bande de cyclistes—des garçons, des filles—entouraient la voiture qui s'était immobilisée, la tête en bas, et dont les roues continuaient à tourner; j'ai crié au rouquin°: «Espèce d'imbécile!» mais quel soulagement! J'avais cru 15 que je lui passais sur le corps°. Je me suis jetée dans les bras de Jean-Charles: «Mon chéri! on a eu drôlement de la chance. Pas une égratignure°!»

4   Il ne souriait pas:

    —La voiture est en miettes°.

    —Pour ça oui. Mais ça vaut mieux que si c'était toi ou moi. 20

5   Des automobilistes se sont arrêtés; un des garçons a expliqué:

    —Cet idiot, il ne regardait rien, il s'est jeté sous l'auto; alors la petite dame[2] a braqué° à gauche.

6   Le rouquin balbutiait des excuses, les autres me remerciaient…

    —Il vous doit une fière chandelle!° 25

7   Sur ce bord de route mouillée, à côté de la voiture massacrée, une gaieté montait en moi, grisante° comme du champagne. J'aimais ce cycliste imbécile parce que je ne l'avais pas tué, et ses camarades qui me souriaient, et ces inconnus qui proposaient de nous ramener à Paris. Et soudain la tête m'a tourné et j'ai perdu connaissance. […] 30

8   [Quelques instants plus tard, elle revient à elle.]

9   Jean-Charles disait qu'il faudrait acheter une autre voiture et qu'on ne tirerait pas deux cent mille francs[3] de l'épave°; il était mécontent, ça se comprend. […] Ce n'est tout de même pas de ma faute, je suis plutôt fière de nous avoir couchés si doucement dans le fossé; mais finalement tous les 35 maris sont convaincus qu'au volant ils se débrouillent mieux que leur femme. Oui, je me souviens, il était de si mauvaise foi qu'avant de nous coucher lorsque j'ai dit: «Personne ne s'en serait sorti sans bousiller° la

Margin glosses:

while scouring

path / red-headed / burst forth

pitched

turned off the engine

red-head

I thought I had run him over

scratch

small pieces (literally: *crumbs*)

steered

He owes you his life!

intoxicating

we couldn't get 305 € for the wreck

smash

---

[2]la petite dame: langage populaire, affectueux, au lieu de *la dame.*

[3]deux cent mille francs: on calcule ici en anciens francs d'avant 1960; 100 anciens francs égalaient 1 nouveau franc (l'unité monétaire instituée en 1960); donc, 200.000 francs = environ 305 €.

voiture», il a répondu: «Je ne trouve vraiment pas ça malin; nous n'avons qu'une assurance tierce-collision.»[4]   40

    —Tu n'aurais tout de même pas voulu que je tue le type?

    —Tu ne l'aurais pas tué. Tu lui aurais cassé une jambe…

    —J'aurais très bien pu le tuer.

    —Eh bien, il ne l'aurait pas volé°. Tout le monde aurait témoigné en ta faveur.   *he would have deserved it*

10   Il a dit ça sans en penser un mot, pour m'être désagréable, parce qu'il est   45
convaincu que j'aurais pu m'en tirer à moins de frais°. Et c'est faux.   *I could have come out of it*
                                                                   less expensively

                           —tiré des *Belles Images*   *(i.e., less damage)*

            Simone de Beauvoir, «La prise de conscience» (extrait),
in *Les Belles Images* © Éditions GALLIMARD; www.gallimard.fr

Réactions et compréhension

Répondez aux questions suivantes oralement en petits groupes ou par écrit, selon les indications de votre professeur.

1. Qu'est-ce que vous pensez des deux personnages principaux, Jean-Charles et Laurence? Avez-vous plus de sympathie pour l'un ou l'autre? Êtes-vous surpris(e) de leurs réactions à l'accident?

    _____

    _____

    _____

2. Faites un résumé de l'accident. Précisez les actions du cycliste roux, de Laurence et de la bande de cyclistes.

    _____

    _____

    _____

    _____

    _____

3. Quels sont les sentiments de Laurence après l'accident? Et ceux de Jean-Charles?

    _____

    _____

    _____

    _____

---

[4]assurance tierce-collision: ce type d'assurance ne rembourse que les dommages causés par un tiers, et non pas ceux causés par l'assuré(e).

4. Qu'est-ce que le dernier échange révèle à propos des rapports entre Laurence et son mari?

_____

_____

_____

Résumé et réflexions

D'abord, faites un résumé du texte. Ensuite, dans votre journal, répondez aux questions suivantes:

- Quelle aurait été votre réaction après un tel accident?
- Trouvez-vous les émotions de Laurence vraisemblables?
- Quelle réaction auriez-vous attendue de votre mari, si vous aviez été Laurence?

Analyse structurelle

1. Divisez le passage en scènes et donnez un titre à chacune d'elles.

_____

_____

_____

2. Étudiez l'organisation de ce récit pour distinguer les diverses voix. Trouvez le passage où (a) Laurence parle; (b) les cyclistes et autres automobilistes parlent; (c) Jean-Charles parle; (d) les réflexions intérieures de Laurence sont exprimées.

_____

_____

_____

_____

Analyse stylistique

1. Différenciez les passages au style narratif (le récit) des passages au style direct (les dialogues).

_____

_____

_____

2. Quels temps prédominent dans le style direct? Et dans la narration?

_____

_____

3. Quels effets cette alternance de temps produit-elle? Suggère-t-elle la rêverie? la rapidité? la spontanéité? la distanciation? la proximité?

_____

_____

_____

4. Les passages au style direct sont précédés soit de tirets (—), soit de guillemets (« ») accompagnés de points d'exclamation (!). Ces indications typographiques suggèrent un ton différent. Quel passage signale l'anxiété, la nervosité et le dialogue sur le vif? Quel passage signale une distanciation et des réflexions intérieures? Expliquez.

_____

_____

_____

_____

5. La narration est faite à la première personne. Quel est l'effet de cet emploi du «je» sur le lecteur? Le lecteur se sent-il distant ou proche de la narratrice (du «je»)?

_____

_____

6. Le vocabulaire reflète trois thèmes principaux: (1) la conduite de la voiture et l'accident; (2) la joie; (3) la prise de conscience. Faites une liste d'expressions du texte pour chacun de ces thèmes.

Voiture et accident	Joie	Prise de conscience

7. Les phrases sont-elles longues ou courtes? Y a-t-il beaucoup de phrases subordonnées (introduites par les conjonctions *que, parce que,* etc.) ou bien essentiellement des phrases indépendantes? Quel rythme ces phrases produisent-elles (lenteur, rapidité,…)? Et donc quel ton en résulte (sérieux, surpris,…)?

---

8. Relevez des expressions (adverbes, verbes, adjectifs, substantifs) pour la description des catégories suivantes: lieux, temps, personnages.

Les actes de parole

Pour situer un événement dans le temps

Le choix d'une expression temporelle dépendra du point de référence du narrateur ou de la narratrice.

- Si ce point de référence est le moment où le narrateur ou la narratrice raconte le récit, les expressions suivantes s'emploient pour exprimer les relations temporelles.

Antériorité	Simultanéité	Postériorité
autrefois	à présent actuellement[5] de nos jours désormais en ce moment	à l'avenir dans le futur dorénavant
la semaine dernière	cette semaine	la semaine prochaine
avant-hier hier hier soir cette nuit	aujourd'hui	demain après-demain

- Si le point de référence est un moment du passé ou du futur, employez les expressions suivantes.

Antériorité	Simultanéité	Postériorité
auparavant	à ce moment-là alors	après par la suite
la semaine précédente la semaine d'avant	cette semaine-là	la semaine suivante la semaine d'après
trois jours avant l'avant-veille la veille	le jour même ce jour-là cette nuit-là	le lendemain/le jour suivant le surlendemain trois jours plus tard

---

[5]actuellement = de nos jours; en français, *actually* se traduit par *en réalité.*

Pour exprimer un laps de temps

- Utilisez *pour* afin d'exprimer une durée anticipée.

  Jean-Charles et Laurence sont partis *pour* trois jours à la campagne.

  Jean-Charles and Laurence went to the country for three days.

  Pour combien de temps resteront-ils?

  (For) How long will they stay?

- Utilisez *pendant (que)* pour exprimer la durée d'une action ou d'un état.

  Laurence ne roulait pas vite *pendant* le voyage.

  Laurence didn't go fast during the trip.

  Pendant combien de temps Laurence a-t-elle conduit la voiture?

  (For) How long did Laurence drive the car?

  Laurence a conduit *pendant* deux heures.

  Laurence drove for two hours.

  Laurence n'a pas fait attention *pendant qu'*elle conduisait.

  Laurence didn't pay attention while she drove.

- Utilisez *depuis (que)* pour indiquer le moment à partir duquel une action ou un état a commencé et continue dans le passé ou le présent.

  Laurence connaît/connaissait Jean-Charles *depuis* dix ans.

  Laurence has/had known Jean-Charles for ten years.

  Laurence habite/habitait Paris *depuis* son enfance.

  Laurence has/had been living in Paris since she was a child.

  Cet homme se sent en pleine forme *depuis qu'*il fait du cyclisme.

  This man feels quite healthy since he's been cycling.

  Laurence n'a/n'avait pas vu Jean-Charles *depuis* deux jours.

  Laurence has/had not seen Jean-Charles for two days.

- Utilisez *il y a… que, cela fait… que, voici… que,* and *voilà… que* avec une durée chiffrée, toujours placé en tête de phrase, pour mettre en relief la durée.

  Il y a/Cela fait/Voici/Voilà dix ans *que* Laurence connaît/connaissait Jean-Charles.

  Laurence has known/had known Jean-Charles for ten years.

  Il y a/Cela fait/Voici/Voilà trois ans *que* cet accident a eu lieu.

  That accident happened three years ago.

- Utilisez *il y a,* en fin de phrase, pour exprimer un moment précis dans le passé.

  Cet accident a eu lieu *il y a* trois heures.

  That accident happened three hours ago.

  Ils étaient à la campagne *il y a* trois jours.

  They were in the countryside three days ago.

Exercice

A. Les expressions temporelles.

Répondez aux questions qui suivent en employant les expressions de la page 81.

1. Vous racontez une histoire au présent. Aujourd'hui, c'est le 14 mars. Par rapport à aujourd'hui,...

   le 13 mars, c'était _____.

   le 12 mars, c'était _____.

   le 15 mars, ce sera _____.

   le 16 mars, ce sera _____.

2. Aujourd'hui, c'est le 7 mai. Vous racontez une histoire qui s'est passée le 14 mars. Par rapport à ce jour-là,...

   le 13 mars, c'était _____.

   le 12 mars, c'était _____.

   le 15 mars, c'était _____.

   le 16 mars, c'était _____.

B. Événements passés.

Répondez aux questions suivantes en utilisant une des expressions de la page 82 pour indiquer le laps de temps entre un moment du passé et le présent. Ensuite, comparez vos réponses avec celles d'un(e) camarade de classe.

1. Depuis combien de temps êtes-vous étudiant(e) à cette université?

   _____

   _____

2. Quand avez-vous commencé à faire vos études de français?

   _____

   _____

3. Participez-vous à des activités extrascolaires? Depuis quand?

   _____

   _____

4. Est-ce que vous faites du sport? C'est nouveau?

   _____

   _____

5. Depuis quand habitez-vous le même appartement, la même maison ou la même résidence universitaire?

_____

_____

6. Cela fait longtemps que vous n'êtes pas rentré(e) chez vos parents?

_____

_____

7. Est-que vous allez partir en vacances prochainement? Pour combien de temps?

_____

_____

8. Vous organisez un voyage de deux semaines à l'étranger. Où irez-vous? Pendant combien de temps allez-vous séjourner dans chaque ville, région ou pays?

_____

_____

C. Une autre vie de couple.

Voici quelques dates importantes dans la vie de couple de Kensia et de Témaël. Utilisez-les pour compléter les phrases ci-dessous de façon logique en employant les éléments donnés. Utilisez le moment présent comme point de référence.

1995: Témaël rencontre Kensia

1996: Fiançailles de Témaël et de Kensia

1997: Mariage de Témaël et de Kensia

2000: Naissance de leur fille aînée, Mina

2003: Naissance de leur fille cadette, Ranise

2004: Kensia quitte son emploi

2007: Accident de route; Mina se casse la jambe

2008: Témaël et Kensia se séparent; les enfants habitent chez leur mère

2010: Témaël et Kensia divorcent; Témaël quitte le pays et ne voit plus ses enfants

Modèle   Témaël et Kensia/se marier/il y a…
Témaël et Kensia se sont mariés il y a (quinze) ans.

1. Voilà… ans/Kensia/ne… pas travailler

_____

2. Témaël et Kensia/se connaître/depuis un an avant leurs fiançailles

_____

3. Cela fait… ans/Témaël/ne… plus voir/ses enfants

_____

4. Témaël et Kensia/être divorcés/depuis… ans

_____

5. Mina/se casser la jambe/il y a… ans

_____

6. Cela fait… ans/les enfants/ne… plus habiter/chez leur père

_____

7. Ranise/être née/il y a… ans

_____

8. Témaël et Kensia/être mariés/… ans/avant la naissance de Mina

_____

Pour parler des moments

- On emploie *où* pour parler du moment du déroulement d'une action.

  Il ne pleuvait pas la nuit *où* Laurence a eu son accident.

  It wasn't raining on the night Laurence had her accident.

  C'était le jour de l'accident *où* Laurence a eu une prise de conscience.

  It was on the day of the accident that Laurence had a personal awakening.

- Remarquez la formule *la première/dernière fois que*.

  La première fois que Laurence a eu une prise de conscience était juste après son accident.

  The first time that Laurence had a personal awakening was just after her accident.

Pour narrer chronologiquement

Pour narrer une suite d'actions, utilisez les expressions suivantes:

Premier événement	Événement(s) suivant(s)	Dernier événement
[tout] d'abord au début pour commencer premièrement	ensuite après par ailleurs deuxièmement	enfin finalement à la fin

Exercice

Jeu de rôles.

Composez trois à cinq questions par écrit que vous aimeriez poser à Laurence et/ou à Jean-Charles, en utilisant des expressions trouvées dans les présentations «Pour parler des moments» et «Pour narrer chronologiquement». Vos questions peuvent porter sur l'accident, leur vie de couple et «la prise de conscience». Posez et répondez aux questions avec un(e) partenaire.

> Modèle   *Laurence, est-ce la première fois que vous vous êtes rendu compte d'un défaut de caractère chez votre mari?*
> *Laurence: Oui, je suis choquée de ses réactions.*

_____

_____

_____

_____

_____

Atelier d'écriture II

Revenez au texte que vous avez ébauché dans l'Atelier I. Enrichissez-le en donnant une chronologie des événements. Employez les expressions présentées dans les sections «Pour situer un événement dans le temps», «Pour exprimer un laps de temps», «Pour parler des moments» et «Pour narrer chronologiquement».

Pensez aussi à un ou à plusieurs dialogues que vous allez reproduire. Ébauchez le contenu ci-dessous.

_____

_____

_____

_____

_____

_____

_____

La stylistique

Pour narrer au passé

Narrer au passé implique la reconstruction des souvenirs dans toutes leurs complexités temporelles. Vos choix grammaticaux assureront la cohérence de votre récit et vous permettront aussi d'apporter des nuances stylistiques. Pour narrer au passé, vous vous servirez de trois temps verbaux: le passé composé, l'imparfait et le plus-que-parfait. Les deux premiers expriment le même moment du passé, vu sous un *aspect* différent. Le passé composé exprime *un événement,* tandis que l'imparfait exprime *les circonstances* ou *la mise en scène.* Étudiez le tableau qui suit.

Le passé composé	L'imparfait
• une action achevée	• une action inachevée, en train de se dérouler • une action habituelle • une description: l'aspect physique d'une personne, d'un paysage; un état d'esprit, un état mental; les émotions

Le plus-que-parfait exprime un moment qui précède un autre moment du passé. Étudiez le schéma suivant.

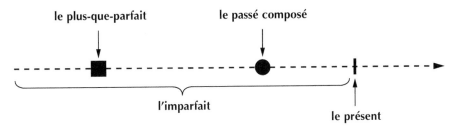

A. Les actualités.

Mettez ces passages au passé en conjuguant les verbes entre parenthèses au passé composé, à l'imparfait ou au plus-que-parfait. Lisez le texte en entier pour comprendre le contexte avant de mettre les verbes aux temps corrects.

Corse: huitième meurtre de l'année

Huitième meurtre de l'année en Corse. Mardi soir, un restaurateur de quarante-huit ans _____ (sortir) du bar «Le Frassetto», où il _____ (boire) trois bières avec un copain. Dans ce bar, il _____ (discuter) de la politique corse avec un sympathisant du Front National pour la Libération de la Corse. La discussion _____ (devenir) violente. Ensuite, alors qu'il _____ (monter) dans sa voiture, un homme non identifié le (l') _____ (tuer) à bout portant *(at point blank range)*. Le meurtrier _____ (s'échapper). Les gendarmes le (l') _____ (chercher) partout. Ils le (l') _____ (trouver) dans une maison du village qui _____ (appartenir) à sa famille. Les gendarmes _____ (cerner) la maison et _____ (essayer) d'obtenir une reddition en douceur *(peaceful surrender)*. Enfin, l'assassin _____ (monter) aux combles *(attic)* et _____ (commencer) à tirer *(to shoot)* sur les gendarmes. Finalement, ils _____ (tuer) le meurtrier.

Homme tué par un éléphant

Un éléphant _____ (écraser) un Français dans le village de Pliego, en Espagne. Norbert Desmaret, qui _____ (avoir) quarante-cinq ans, _____ (mourir) à l'hôpital. L'éléphant, qui _____ (s'échapper) du cirque, _____ (prendre) peur quand un chien _____ (se mettre) à aboyer *(to bark)*. L'éléphant _____ (appartenir) à une troupe qui _____ (faire) une procession dans les rues de Pliego la veille.

B. La dernière fois...

Racontez la dernière fois que vous vous êtes trouvé(e) dans une situation gênante. Qu'est-ce qui a provoqué cette situation? Que s'est-il passé? Comment le problème a-t-il été résolu? Quelles étaient vos émotions? Comment avez-vous réagi?

Ellipse sujet/verbe

Dans le passage de Simone de Beauvoir, on trouve plusieurs exemples de phrases ou de propositions sans verbe. C'est donc le contexte qui permet au lecteur de comprendre la phrase. En supprimant le verbe, on peut varier le style en évitant une suite de verbes plats (tels que *y avoir, voir, entendre, c'est*, etc.).

Dans les exemples suivants, quels groupes verbaux ont été supprimés?

Badminton, télévision: la nuit était tombée quand nous sommes partis.

J'ai crié au rouquin: «Espèce d'imbécile!» mais quel soulagement! J'avais cru que je lui passais sur le corps.

«Mon chéri! on a eu drôlement de la chance. Pas une égratignure.»

Le narrateur ou la narratrice pourrait également se servir de ce procédé pour se dispenser de donner des détails sans importance pour l'avancement du récit. En n'exprimant que l'essentiel de la scène, le narrateur ou la narratrice augmente l'intérêt en développant un rythme rapide ou une tension croissante. Dans les exemples cités précédemment, quelle est la fonction de l'ellipse?

Exercice

Ellipses.

Transformez les phrases suivantes en une série de mots ou de propositions en supprimant le verbe et en faisant tous les autres changements nécessaires.

Modèle   Nous n'avons pas une blessure, pas une égratignure.
              Pas une blessure, pas une égratignure.

1. J'ai vu la lumière des phares *(headlights)*, j'ai entendu le klaxon, j'ai donné un brusque coup de freins.

2. Une gaieté montait en moi, accompagnée d'un sentiment de soulagement, et puis de colère.

_____

3. Charles m'a hurlé des accusations, j'ai répondu par des protestations.

_____

4. J'ai entendu des cris et des balbutiements *(stammering).*

_____

5. J'ai passé la journée à faire ma correspondance et à regarder la télévision.

_____

Discours direct et discours indirect

Pour enrichir votre stylistique, pensez à varier la façon dont vous rapportez un dialogue ou une conversation. Le *discours direct* cite textuellement les paroles d'une personne, avec des guillemets ou des tirets.[6]

Laurence a dit: «Mon chéri! on a eu drôlement de la chance!»

—La voiture est en miettes, déclara-t-il.

Quand on rapporte les paroles d'une personne dans une proposition subordonnée introduite par un verbe de communication suivi de la conjonction *que (elle a dit que/il pensait que)*, le discours direct devient alors un *discours indirect:*

Jean-Charles a dit qu'il faudrait acheter une autre voiture.

Quand on transforme un discours direct en un discours indirect, certains changements ont lieu:

- Quand le verbe de la proposition principale est *au présent ou au futur,* il n'y a pas de changement dans le temps des verbes de la proposition subordonnée. Seuls les pronoms personnels et les formes verbales changent.

  Il crie: «J'ai faim!»

  Il crie qu'il a faim.

  Il pense: «J'irai en ville demain.»

  Il pense qu'il ira en ville demain.

- Quand le verbe de la proposition principale est *au passé,* le temps des verbes de la proposition subordonnée change.

Discours direct	*Discours indirect*
Jean-Charles a dit: «La voiture est en miettes.» (présent)	Jean-Charles a dit que la voiture *était* en miettes. (imparfait)
Jean-Charles a dit: «Il faudra acheter une autre voiture.» (futur)	Jean-Charles a dit qu'il *faudrait* acheter une autre voiture. (conditionnel présent)
Un des garçons a expliqué: «Cet idiot, il s'est jeté sous l'auto.» (passé composé)	Un des garçons a expliqué que l'idiot *s'était jeté* sous l'auto. (plus-que-parfait)

_____

[6]Les guillemets s'emploient pour encadrer une citation, les paroles de quelqu'un ou une conversation. Le tiret marque le changement d'interlocuteur.

Remarquez que certains temps (l'imparfait, le plus-que-parfait, le conditionnel présent, le conditionnel passé) ne changent pas dans le discours indirect.

Il a dit: «L'idiot ne regardait rien, il devrait vous remercier, il aurait dû faire attention.»

Il a dit que l'idiot ne *regardait* rien, qu'il *devrait* la remercier et qu'il *aurait dû* faire attention.

Dans *les questions indirectes,* certaines transformations se font dans la formule interrogative.

Mot interrogatif dans la question directe	Conjonction dans la question indirecte	Exemples
—	si	Il a demandé: «Tu es blessée?» Il a demandé si j'étais blessée.
qu'est-ce qui	ce qui	Il m'a demandé: «Qu'est-ce qui s'est passé?» Il m'a demandé ce qui s'était passé.
qu'est-ce que	ce que	Il m'a demandé: «Qu'est-ce que tu as?» Il m'a demandé ce que j'avais.

Pour rapporter le discours

Évitez la répétition du verbe *dire* en rapportant les échanges. Étudiez les exemples suivants tirés du texte:

J'ai *crié* au rouquin: «Espèce d'imbécile!»

Il ne *souriait* pas: —La voiture est en miettes.

Un des garçons *a expliqué:* —Cet idiot, il ne regardait rien…

Le rouquin *balbutiait* des excuses, les autres me *remerciaient*…

Il *a répondu:* —«Je ne trouve vraiment pas ça malin…»

Si l'identité des locuteurs est claire, une série d'échanges pourrait être introduite en supprimant les verbes tels que *dire, déclarer, répondre,* etc.

—Tu n'aurais tout de même pas voulu que je tue le type?

—Tu ne l'aurais pas tué. Tu lui aurais cassé une jambe…

—J'aurais très bien pu le tuer.

—Eh bien, il ne l'aurait pas volé. Tout le monde aurait témoigné en ta faveur.

Remarquez qu'après une citation directe, on fait l'inversion du sujet:

«La voiture est en miettes», a dit Jean-Charles.

«Il ne l'aurait pas volé», a-t-il dit.

Exercice

A. Le discours indirect.
Refaites les phrases suivantes en employant le discours indirect.

1. J'ai dit à Jean-Charles: «On a eu drôlement de la chance.»

   _____

2. Je lui ai dit: «On n'a même pas une égratignure.»

   _____

3. Jean-Charles a dit: «La voiture est en miettes.»

   _____

4. Jean-Charles a demandé à Laurence: «Qu'est-ce que tu as fait?»

   _____

5. Laurence a dit: «Ça vaut mieux que si c'était toi ou moi.»

   _____

6. Le rouquin a demandé: «Qu'est-ce qui s'est passé?»

   _____

B. Variez.
Pour les quatre phrases suivantes, trouvez un verbe expressif pour remplacer le verbe *dire.*

1. Un des garçons a dit: «Cet idiot ne regardait rien, il s'est jeté sous l'auto.»

   _____

2. Les autres m'ont dit: «Il vous doit une fière chandelle!»

   _____

3. Quand j'ai demandé à Jean-Charles s'il avait voulu que je tue le type, il a dit: «Tu ne l'aurais pas tué.»

   _____

4. J'ai dit: «C'est faux.»

   _____

C. Rapportez.
Rapportez un dialogue que vous avez eu avec un(e) ami(e) récemment, en utilisant le discours indirect.

Entraînez-vous!

Voici un récit rédigé qui traite du thème du chapitre et qui en utilise les techniques. Analysez-le, en faisant bien attention au choix du vocabulaire et des verbes ainsi qu'à l'organisation du texte.

Aimez-vous ce texte? Pourquoi ou pourquoi pas? Quels changements y apporteriez-vous?

—Roses blanches—

Ma maîtresse aimait les fleurs et tout particulièrement les roses blanches. Son affinité pour la beauté s'exprimait dans ses gestes. C'était une jeune femme de vingt ans. Tous les jours, elle se levait à neuf heures exactement. Elle s'occupait de sa toilette pendant toute la matinée. Procédant toujours de la même manière, elle brossait ses longs cheveux blonds, ensuite rougissait un peu ses joues 5 pâles, soulignait ses yeux mélancoliques avec du maquillage et finalement, se paraissait de l'unique collier dont elle avait hérité de son arrière-grand-mère. Ces préparations continuaient jusqu'au moment où j'annonçais «Madame, votre déjeuner est servi.»

Hier, je l'ai appelée comme d'habitude. Alors, en silence, elle est sortie de sa 10 chambre d'un air extrêmement orgueilleux. Son corps était fin et elle se tenait droite comme une aiguille. Elle s'est mise à table sans me regarder. Je n'osais ni parler ni bouger. En attendant ses ordres, je me taisais, ne sachant pas quoi faire pour lui plaire. «Peu importe ce que j'essaie, la maîtresse est toujours fâchée» ai-je pensé.

Je regardais ma maîtresse assise à la table. Était-elle vraiment en colère ou 15 éprouvait-elle autre chose? À part moi, cette femme n'avait personne au monde. Elle vivait toute seule dans une maison luxueuse en briques rouges. Pour compenser sa solitude, elle avait décoré l'intérieur de la maison avec des roses blanches.

Après son repas, ma maîtresse s'est dirigée vers la salle la plus grande 20 de la maison, où se trouvait un piano noir. Elle l'a longtemps contemplé, puis ses yeux sont passés du piano aux dizaines de roses blanches qui décoraient la pièce. Ensuite, elle a fermé les yeux et s'est assise lentement. Elle a pris quelques minutes pour penser à des sujets que j'ignore toujours. Un instant plus tard, la maison entière retentissait des accords du piano dont elle jouait avec une 25 passion sans égale. Les heures se sont écoulées lentement l'une après l'autre, mais elle ne s'en est pas aperçue. Elle jouait si orageusement que ses mains ont fini par lui faire mal. Mais elle a continué…

Elle ne s'est arrêtée que quand je me suis approchée d'elle pour lui chuchoter «Monsieur est ici.» Alors, elle s'est levée du piano, son visage 30 témoignant d'une certaine insécurité. D'un pas timide, Madame s'est dirigée vers la porte pour le saluer.

—Comment allez-vous, ma chère amie?

—Comme toujours, merci.

Comme si elle savait ce qui suivrait, elle s'est dirigée vers une petite 35 chambre décorée d'une table dans son centre, et d'une chaise près de la fenêtre. L'homme a sorti un grand chevalet et y a mis une toile, des brosses de peintre et des aquarelles. Je les ai suivis pour fermer la porte. J'ai regardé le visage de Madame et pendant un instant, sur ses lèvres, j'ai aperçu le soupçon d'un sourire. Puis, ils ont passé toute la nuit ensemble, elle posait, il la peignait et 40 moi, j'ai compris.

Atelier d'écriture III

Liez les éléments esquissés dans les deux Ateliers précédents afin d'en faire une composition cohérente, en suivant le plan ci-dessous.

- situation
- développement de la chronologie
- illustration au moyen de dialogues
- établissement de la nouvelle perspective

Suivez les conseils proposés dans ce chapitre ainsi que les indications données par votre professeur pour bien rédiger votre composition.

Retouches

Maintenant, relisez attentivement votre texte. Pensez à varier votre récit en changeant de voix et de techniques (style direct et indirect, par exemple).

Rappel: Pour votre rédaction finale, suivez les conseils suivants.

1. Situez l'histoire dans l'espace et dans le temps.
   - description du décor ou des lieux successifs
   - description des personnages
   - présence d'un narrateur (ou d'une narratrice) qui parle à la troisième personne ou bien peut intervenir à la première personne
2. Faites la chronologie des événements et notez l'évolution possible des personnages.
3. Introduisez les dialogues (discours direct).
4. Expliquez l'incident qui provoque un changement.
5. Veillez à avoir un début et une fin.
6. Faites attention aux temps des verbes: ils doivent traduire logiquement l'évolution du récit.
7. Marquez les diverses phases du récit par des adverbes et des expressions de temps et de lieu spécifiques.
8. Faites attention au ton et choisissez les mots en fonction du ton désiré (vocabulaire réaliste et/ou comique et/ou dramatique ou bien vocabulaire exprimant le mépris ou l'admiration, la surprise ou l'enthousiasme, etc.).
9. N'oubliez pas de vérifier les éléments suivants:
   - l'orthographe et les accents
   - la conjugaison des verbes à l'imparfait, au passé composé et au plus-que-parfait
   - les compléments d'objet direct et indirect
   - les verbes utilisés pour le discours direct et indirect et les prépositions qui les accompagnent

---

Dictionnaire personnel. De quels nouveaux mots vous êtes-vous servi(e) pour écrire votre récit? Ajoutez-les à votre dictionnaire personnel.

Révision en groupes. Commentez et corrigez la composition d'un(e) autre étudiant(e) ou d'autres étudiant(e)s selon le système proposé par votre professeur.

Version finale. Rédigez la version finale de votre composition en prenant en compte les commentaires des étudiant(e)s et/ou ceux du professeur.

Écriture libre

Racontez une histoire où une voiture fournit la scène ou le prétexte de l'action.
Suggestions: un voyage, un accident, une soirée

Chapitre 5

L'essai

L'essai est un type de discours qui, avant tout, suggère ou incite. Il ne vise pas à transmettre un savoir, mais plutôt à le mettre en question par un style polémique, parodique, démonstratif ou ludique.

L'essai a une longue tradition en littérature française et peut être illustré par Montaigne, Pascal, Diderot, Voltaire, Valéry, Camus, de Beauvoir et Barthes.

Point de départ

Pourquoi lit-on des essais? Pourquoi en écrire? Où les essais sont-ils publiés? Évoquez un essai qui vous a marqué(e). Qu'est-ce qui rend un essai faible ou fort?

Écriture d'invention

Cherchez une réclame ou une publicité sur Internet qui exprime—d'une façon explicite ou implicite—une opinion sur certaines personnes (les femmes, les hommes, les gens riches, un groupe ethnique, les parents, les jeunes, les médecins). Quel est le message sous-entendu dans cette publicité? Trouvez-vous cette publicité partiale, impartiale, injurieuse ou inoffensive? Expliquez votre opinion en quelques lignes écrites.

Atelier d'écriture I

Dans ce chapitre, vous allez rédiger un essai qui propose une solution à un problème sur votre campus, dans votre ville ou dans votre état. Dans cet essai, vous ferez référence à un événement récent afin de justifier votre argument. Ébauchez votre essai en répondant aux questions ci-dessous.

1. Quel événement récent sur votre campus, dans votre ville ou dans votre état inspire le choix de votre essai?

   _____

   _____

   _____

   _____

2. Précisez les détails de l'événement. Qu'est-ce qui s'est passé? Qui sont les personnes ou groupes impliqués?

   _____

   _____

   _____

   _____

3. En quelques mots, proposez une solution qui répond à ce problème.

   _____

   _____

   _____

Vocabulaire utile

Pour parler de l'injustice dans la société

Substantifs

l'agressivité *(f.)*
un but
une catastrophe
le châtiment
le chauvinisme
le chômage
une crise
la démence
la discrimination
(raciale, sexuelle)
l'égalité *(f.)*/l'inégalité *(f.)*
l'étroitesse *(f.)* d'esprit
l'exclusion *(f.)*
le gage
le harcèlement sexuel
l'intégrisme *(m.)*
l'intransigeance *(f.)* (à)
la justice/l'injustice *(f.)*
une liberté fondamentale
une loi
le machisme
un mensonge
la misogynie
la persécution
une politique
une querelle
le racisme (un[e] raciste)
le sectarisme
la secte
la ségrégation/l'intégration *(f.)*
le sexisme (un[e] phallocrate)
le sophisme
la sorcellerie
le supplice
le temple
la tolérance/l'intolérance *(f.)*

Verbes

accepter les différences
amortir
avoir un (des) préjugé(s)
contre les personnes
âgées/les jeunes
condamner
se débrouiller
défendre à une personne
de *[+ infinitif]*
déplaire/plaire
être contre/en faveur de
exclure
expulser
favoriser/défavoriser
quelqu'un
harceler
marginaliser
mépriser
opprimer
prêcher (pour/contre)
(ne... pas) respecter
soutenir un(e) candidat(e)/
une opinion/une
personne
subir
supporter[1]/tolérer
(une personne)

Adjectifs

angoissé(e)
chauvin(e)
clément(e)
fou (folle)
hostile à
hypocrite
intransigeant(e)
juste/injuste
puni(e)
raciste
sectaire
tolérant(e)/intolérant(e)
violent(e)

[1]Attention au verbe *supporter* dont l'emploi/le sens peut diverger du mot apparenté en anglais: *Je supporte une responsabilité. = I bear a responsibility. Je supporte mal cette personne. = I have a difficult time tolerating this person.*

Exercices

A. Quel mot?

Choisissez un mot de la liste précédente qui correspond aux définitions proposées.

1. l'identité nationale poussée à l'extrême

   _____

2. un règlement

   _____

3. quand un groupe défavorise un autre groupe à cause de sa race ou de son origine ethnique

   _____

4. quand, par exemple, un patron maltraite une femme dans son emploi

   _____

5. quand les races vivent séparées les unes des autres

   _____

6. un droit essentiel pour l'individu, assuré dans une démocratie

   _____

7. mettre un groupe ou un individu à l'écart de la société

   _____

8. l'intolérance ou la rigidité dans ses idées ou opinions

   _____

B. Associations.

Quels mots ou expressions est-ce que vous associez aux mots suivants? Choisissez parmi les mots et expressions de la liste à la page précédente ou proposez-en d'autres.

1. l'inégalité:

   _____, _____, _____

2. avoir des préjugés contre:

   _____, _____, _____

3. le sexisme:

   _____, _____, _____

4. la tolérance:

   _____, _____, _____

5. favoriser:

   _____, _____, _____

C. Pratique.

Avez-vous déjà été victime d'une injustice? Racontez brièvement cet incident dans votre journal en utilisant le vocabulaire présenté à la page précédente.

Voltaire

—Traité sur la tolérance—

À propos de l'auteur…

François-Marie Arouet, dit Voltaire (1694–1778), est un philosophe éminent du siècle des Lumières. Monarchiste et déiste, il est aussi critique notable de l'Église catholique. Écrivain prolifique, il rédige poèmes, pièces, contes et traités philosophiques, et participe au projet de l'Encyclopédie. Traité sur la tolérance est inspiré de l'exécution de Jean Calais, marchand protestant de Toulouse, accusé d'avoir tué son fils afin qu'il ne se convertisse pas au catholicisme. (Calais ne confessera pas et sera acquitté post mortem.) Ce texte dénonce le fanatisme religieux qui caractérise la France du dix-huitième siècle.

Comment la tolérance peut être admise

1   J'ose° supposer qu'un ministre éclairé et magnanime, un prélat° humain et   *dare / church dignitary*
sage, un prince qui sait que son intérêt consiste dans le grand nombre de ses
sujets, et sa gloire dans leur bonheur, daigne° jeter les yeux sur cet écrit informe   *deigns to*
et défectueux; il y supplée par ses propres lumières; il se dit à lui-même: Que
risquerai-je à voir la terre cultivée et ornée par plus de mains laborieuses, les   5
tributs augmentés, l'État plus florissant?

2   L'Allemagne serait un désert couvert des ossements° des catholiques,   *bones*
évangéliques, réformés, anabatistes, égorgés les uns par les autres, si la paix de
Westphalie² n'avait pas procuré enfin la liberté de conscience.

3   Nous avons des juifs à Bordeaux, à Metz, en Alsace; nous avons des   10
luthériens, des molinistes³, des jansénistes; ne pouvons-nous pas souffrir et
contenir des calvinistes à peu près aux mêmes conditions que les catholiques
sont tolérés à Londres? Plus il y a de sectes, moins chacune est dangereuse; la
multiplicité les affaiblit; toutes sont réprimées° par de justes lois, qui défendent   *controled*
les assemblées tumultueuses, les injures, les séditions, et qui sont toujours   15
en vigueur° par la force coactive. […]   *in effect*

4   Il ne s'agit plus de donner des privilèges immenses, des places de sûreté°   *places of refuge*
à une faction; mais de laisser vivre un peuple paisible, d'adoucir des édits⁴,
autrefois peut-être nécessaires, et qui ne le sont plus: ce n'est pas à nous
d'indiquer au ministère ce qu'il peut faire; il suffit de l'implorer pour des   20
infortunés.

5   Que de moyens de les rendre utiles, et d'empêcher qu'ils ne soient jamais
dangereux! La prudence du ministère et du conseil, appuyée de la force,
trouvera bien aisément ces moyens, que tant d'autres nations emploient si
heureusement. […]   25

6   Le grand moyen de diminuer le nombre des maniaques, s'il en reste,
est d'abandonner cette maladie de l'esprit au régime de la raison, qui éclaire
lentement, mais infailliblement les hommes. Cette raison est douce, elle est
humaine, elle inspire l'indulgence, elle étouffe° la discorde, elle affermit la   *stiffles*
vertu, elle rend aimable l'obéissance aux lois, plus encore que la force ne   30

²Les traités de Westphalie, signés en 1648, reconnaissent trois confessions religieuses: catholique, luthérienne et calviniste.

³Secte religieuse développée par le jésuite Luis de Molina (1536–1600).

⁴Références aux édits multiples (tels l'édit de Nantes en 1598 et l'édit de Fontainebleau en 1685) concernant la tolérance et l'intolérance religieuses en France.

les maintient. Et comptera-t-on pour rien le ridicule attaché aujourd'hui à
l'enthousiasme par tous les honnêtes gens? Ce ridicule est une puissante
barrière contre les extravagances° de tous les sectaires. [...]

    eccentricities

7   Il en est de même dans une grande partie des points qui divisent les
protestants et nous; il y en a quelques-uns qui ne sont d'aucune conséquence, 35
il y en a d'autres plus graves, mais sur lesquels la fureur de la dispute est
tellement amortie, que les protestants eux-mêmes ne prêchent aujourd'hui la
controverse en aucune de leurs églises.

8   C'est donc ce temps de dégoût, de satiété, ou plutôt de raison, qu'on
peut saisir comme une époque et un gage de la tranquillité publique. La 40
controverse est une maladie épidémique qui est sur sa fin, et cette peste, dont
on est guéri°, ne demande plus qu'un régime doux. Enfin l'intérêt de l'État   *healed*
est que des fils expatriés reviennent avec modestie dans la maison de leur
père; l'humanité le demande, la raison le conseille, et la politique ne peut
s'en effrayer°.   45 *fear it*

Extrait de *Traité sur la tolérance*, Voltaire

Réactions et compréhension

1. Que pensez-vous de cet essai? Est-ce que l'essai vous a touché(e)? Est-ce que
   l'écrivain vous a persuadé(e) d'agir? de réfléchir?

   _____

   _____

   _____

2. Dans le premier paragraphe, à qui est-ce que l'auteur fait appel? Quels attributs
   leur y sont assignés?

   _____

   _____

   _____

3. Sur quel sujet y avait-il des différences d'opinion virulentes en Allemagne?
   Qu'est-ce qui a mis fin à ces conflits?

   _____

   _____

4. Quelle idée l'auteur avance-t-il au troisième paragraphe? D'après Voltaire,
   qu'est-ce qu'une diversité de religions apporte à une société? Quels exemples
   contemporains offre-t-il?

   _____

   _____

   _____

5. Quel rôle le gouvernement joue-t-il dans ces affaires?

_____

_____

_____

6. Selon Voltaire, quel est l'antidote aux «maniaques»?

_____

_____

_____

7. Comment l'auteur décrit-il la raison au sixième paragraphe? Comment est-ce qu'elle contribue à la tolérance religieuse?

_____

_____

_____

8. Qu'est-ce que Voltaire cite comme barrière contre les extravagances sectaires?

_____

_____

_____

9. Comment atténue-t-il l'importance des différences entre les catholiques et les protestants? De quel côté se tient-il?

_____

_____

_____

10. Quel lexique particulier l'auteur emploie-t-il en parlant des «maniaques», ceux qui seraient opposés à la thèse de son essai (voir sixième et huitième paragraphes)? Qu'est-ce qui permettrait la tranquillité publique recherchée?

_____

_____

_____

_____

Résumé et réflexions

D'abord, faites un résumé de l'essai. Ensuite, dans votre journal, répondez aux questions suivantes:

- Quel est le problème dont Voltaire parle dans son essai?
- Quelle est votre réaction à son argument?
- Ce problème existe-t-il toujours? Citez un exemple.

Analyse structurelle

1. Quelle est la thèse de l'auteur? Où se trouve-t-elle dans l'essai?

   _____

   _____

   _____

2. Par quel(s) procédé(s) (exemples, comparaisons, contrastes) est-ce que l'auteur soutient sa thèse?

   _____

   _____

   _____

3. Selon vous, est-ce que Voltaire choisit ses exemples au hasard? Voyez-vous une progression logique? Expliquez.

   _____

   _____

   _____

4. Quelle suggestion avancée dès le premier paragraphe est reprise au quatrième? Expliquez-en le raisonnement (offert aux premier et cinquième paragraphes).

   _____

   _____

   _____

5. Expliquez l'argument proposé par l'auteur au septième paragraphe. Qu'en pensez-vous?

   _____

   _____

   _____

   _____

6. Quelle est la fonction du dernier paragraphe? Quel est son rapport avec le premier?

   _____

   _____

   _____

   _____

7. En vous basant sur les questions précédentes, donnez la fonction (présenter, expliquer, donner des exemples, etc.) de chaque paragraphe de l'essai.

Paragraphe	Fonction
Paragraphe 1	
Paragraphe 2	
Paragraphe 3	
Paragraphe 4	
Paragraphe 5	
Paragraphe 6	
Paragraphe 7	
Paragraphe 8	

8. Quels sont les mots clés de cet essai? À quels moments est-ce qu'ils apparaissent?

_____

_____

_____

Analyse stylistique

1. Dans cet essai, l'auteur pose plusieurs questions rhétoriques. Trouvez-les. Quel est l'effet stylistique de ce procédé?

_____

_____

2. Relevez le vocabulaire associé à l'appétit au dernier paragraphe. Contre quelle autre faculté ces noms sont-ils juxtaposés? Quelle autre imagerie l'auteur emploie-t-il au dernier paragraphe pour faire appel aux émotions?

_____

_____

3. Repérez les mots et expressions ci-dessous dans le texte. Ensuite, indiquez leur fonction dans l'essai en vous basant sur le contexte.

J'ose supposer...

Il ne s'agit plus de... mais de...

Ce n'est pas à nous de...

Il suffit de...

Que de moyens de...

Il en est de même...

C'est donc...

Enfin...

Avancer une hypothèse	Constater	Exprimer une opinion	Proposer une solution

4. Cet essai met en relief certains thèmes principaux, tels la raison/la lumière, l'État/ la patrie et le peuple (français). Identifiez des expressions associées à chacun de ces thèmes.

_____

_____

_____

Les actes de parole

Pour bien persuader le lecteur de votre point de vue, il est essentiel de présenter et de développer votre opinion de façon logique et rigoureuse et de vous servir d'exemples qui pourront soutenir votre thèse. Les expressions et structures suivantes vous aideront à formuler ces notions.

Pour exposer un problème

aborder
discuter d'
exposer
faire allusion à   un sujet
parler d'
traiter d'

mettre   une idée
                une question   en lumière
                une thèse

poser   la question de savoir comment faire   quelque chose
constater   quelque chose

Pour parler des objections

blâmer
nier
reprocher   de faire quelque chose
                   quelque chose à quelqu'un

Pour présenter une opinion personnelle

il[5] s'agit de…

il ne s'agit pas de donner des privilèges

il est question de tolérance

il est certain			il est douteux	
il est évident			il est étonnant	
il est incontestable			il est possible	
il est probable			il n'est pas certain	
il est sûr			il n'est pas probable	
il est vrai	que		il n'est pas sûr	que
il n'est pas douteux	(+ indicatif)		il faut	(+ subjonctif)
il me semble/paraît			il semble	
avoir l'impression			douter	
croire			ne pas croire	
être sûr(e)/ certain(e)			ne pas penser	
penser			ne pas être sûr(e)/ certain(e)	
trouver				
À mon avis…			nier	
Selon moi…				
Voilà mon point de vue…				

Pour donner des exemples

Par exemple,…

À titre d'exemple,…

Considérons/Prenons le cas de…

Tel est le cas, par exemple, de…

En exposant un problème, l'essai en évoque l'origine et les conséquences qui en résultent. Les expressions suivantes vous aideront à faire ressortir les rapports entre cause et effet.

Pour exprimer la cause

parce que	
comme	
puisque	+ indicatif
maintenant que	
du moment que	
étant donné que	
pour (+ infinitif)	

[5]Le *il* dans l'expression *il s'agit de (d')* est obligatoire, neutre et invariable. En anglais, *il s'agit de (d')* peut s'exprimer de plusieurs façons. Par exemple: *Dans ce texte, il s'agit de l'injustice. = This text is about injustice. Dans ces trois films, il s'agit de la guerre en Algérie. = In these three films, Algeria is the focus. Dans cette chanson, il s'agit de la pauvreté. = This song talks about poverty.*

à cause de (connotation négative)[6]

grâce à (connotation positive)   + *nom*

faute de (exprime le manque)

Pour exprimer la conséquence

de sorte que	+ *indicatif*	de sorte que	+ *subjonctif*
de manière que	(exprime	de manière que	(exprime la
de telle façon que	la conséquence	de façon que	conséquence
si bien que	réalisée)		envisagée,
			voulue)

amener	déclencher	inciter (à)
attirer	engendrer	occasionner
causer	entraîner	produire
créer	être responsable de	provoquer
déchaîner	forcer (de)	susciter

C'est pour cela que…

C'est pourquoi/Voilà pourquoi…

Donc…

En ce sens…

Par conséquent…

Voilà la raison pour laquelle…

Exercices

A. Synonymes.

Trouvez une expression des listes aux pages 105–106 pour remplacer les mots en italique. Récrivez la phrase en faisant tous les changements nécessaires. Ensuite, échangez vos phrases avec celles d'un(e) camarade de classe et corrigez-les.

1. *Il n'est pas douteux* que l'Allemagne serait un désert couvert d'ossements si la paix de Westphalie n'avait pas procuré enfin la liberté de conscience.

   _____

   _____

2. *Il semble que* les catholiques aient été tolérés à Londres.

   _____

   _____

---

[6]Faites attention à l'emploi des expressions *à cause de* + expression à connotation négative, *grâce à* + expression à connotation positive et *faute de* + expression à connotation négative. Voici quelques exemples pour illustrer leur emploi: Elle n'a pas réussi à l'examen *à cause de* sa migraine. *(She didn't pass the test because of her migraine headache.)*; Il a été élu *grâce à* son intelligence et son travail. *(He was elected because of [thanks to] his intelligence and hard work.)*; Je ne pars pas en voyage *faute d'*argent. *(I'm not taking a trip because I don't have any money.)*.

3. *Prenons le cas des* jansénistes en France.

_____

_____

4. *C'est pour cela que* l'auteur soutient la tolérance religieuse.

_____

_____

5. Créons une société tolérante *de sorte que* les expatriés reviennent en France.

_____

_____

6. *C'est pourquoi* il est nécessaire d'abandonner cette maladie de l'esprit au régime de la raison.

_____

_____

B. Formulez.

Formulez une phrase en utilisant les éléments donnés et en vous référant au vocabulaire indiqué aux pages 105–106.

1. Il est douteux/le sectarisme/être résolu facilement

_____

_____

2. Bien que nous/connaître l'origine du problème, il est difficile de le combattre

_____

_____

3. Il faut lutter de sorte que l'intolérance/être supprimée

_____

_____

4. J'ai l'impression que l'auteur/finir sur un ton optimiste

_____

_____

5. Je ne doute pas que sa conclusion/être juste

_____

_____

C. L'intolérance en hausse.

Le nombre de victimes de crimes sectaires n'a cessé d'augmenter au cours des dernières années. Complétez le paragraphe avec les expressions données ci-dessous. Faites tous les changements nécessaires. Lisez toutes les phrases avant de les compléter afin d'en comprendre le contexte.

par conséquent	*à cause de*	*provoquer*
il est évident	*de sorte que*	*puisque*

1. La profanation des lieux de culte survenue ces dernières années

   _____ un sursaut de révolte dans les rues des villes françaises,

2. _____ elle a mis en scène la haine de l'Autre dans un rituel voulu, prémédité.

3. _____ ces affaires, beaucoup s'avouèrent subitement ce qu'ils refusaient jusqu'ici de s'avouer.

4. _____ les élites dirigeantes se voient enfin obligées de considérer avec gravité l'ampleur des fissures qui minent la société française.

5. _____ que l'histoire récente révèle beaucoup d'actes d'intolérance.

6. La nouveauté, c'est qu'elle s'estime capable de le faire à l'air libre,

   _____ son expression suscite une réaction aux niveaux nationaux et internationaux.

Atelier d'écriture II

Révisez l'ébauche de votre essai que vous avez commencée dans l'Atelier I. Faites les exercices ci-dessous et continuez votre travail en ajoutant les opinions que vous venez d'exprimer et les exemples cités.

1. Exprimez votre opinion sur ce problème en une seule phrase. Les expressions aux pages 105–106 pourraient vous aider.

   _____

   _____

2. Quels autres exemples récents ou historiques pourriez-vous citer pour illustrer la gravité du problème?

   _____

   _____

   _____

   _____

La stylistique

Pour mettre en relief

Dans le chapitre 2, vous avez appris à mettre en valeur un élément de la phrase en le faisant précéder de *ce qui* ou *ce que* et en le résumant par la formule *c'est/ce sont*. Par exemple:

> *Ce que Voltaire souligne dans son essai, c'est l'épanouissement d'un pays unifié.*

Voici quelques autres expressions qui excercent la même fonction.

C'est (Ce sont) +	*sujet*	+ qui
	objet direct	+ que
	groupe prépositionnel	+ que
C'est que +	phrase explicative	

> *Ce sont* des sentiments sectaires *qui* ont inspiré cette violence.
>
> *C'est* un crime affreux *que* tout membre du gouvernement a dénoncé immédiatement.
>
> *C'est* sur l'indifférence *qu*'il faut s'interroger.
>
> *C'est que* les catholiques, eux aussi, ont subi de la discrimination en Allemagne.

On peut mettre en relief tout substantif dans une phrase en employant le pronom tonique *(moi, toi, lui, elle, nous, vous, eux, elles)* qui lui correspond:

> *C'est toi qui* dois réagir.
>
> *C'est lui,* Voltaire, *qui* pousse l'État français à réagir.

Pour mettre en relief la conséquence d'un fait, utilisez:

> **Si** + *la conséquence* + **c'est que** + *explication*

> *Si* les Allemands jouissaient de la liberté de conscience, *c'est qu*'ils avaient rejeté les divisions sectaires.
>
> *Si* nous, Français, nous révoltions contre ces injustices, *c'est que* nous estimions que tous sont égaux en droit.

 **Exercices**

A. La mise en relief.

Récrivez les phrases suivantes en employant *c'est/ce sont… qui, c'est/ce sont… que* ou un pronom tonique pour mettre l'accent sur les mots en italique.

1. *Les chiffres* révèlent une augmentation des dérives sectaires.

_____

_____

2. *Des fanatiques religieux* sont responsables de plusieurs de ces actes.

_____

_____

3. Voltaire fait appel *aux chefs d'État.*

_____

_____

4. *L'intolérance* a provoqué ces crimes.

_____

_____

5. La plupart des Français ont réagi *avec outrage.*

_____

_____

B. Les conséquences.

En travaillant en petits groupes, écrivez cinq phrases sur l'intolérance (la technologie, l'environnement ou un sujet choisi par le professeur) en utilisant la construction *Si +* la conséquence + *c'est que* + explication. Partagez vos phrases avec la classe.

Modèle   *Si on supporte les blagues racistes, c'est qu'on sait que les blagues sont des exagérations.*

L'opposition

Pour juxtaposer deux faits ou idées, Voltaire oppose une formule positive à son contraire (ou vice-versa).

Il ne s'agit pas de donner des privilèges immenses ou des places de sûreté à une faction; *il s'agit de* laisser vivre un peuple paisible et d'adoucir des édits.

Pour renforcer son opinion, on peut ajouter une expression adverbiale à l'expression déjà énoncée.

S'il est vrai que nous avons des juifs à Bordeaux, à Metz et en Alsace et des luthériens, des molinistes, des jansénistes ailleurs, *il est non moins vrai que* nous pourrons tolérer des calvinistes parmi nous.

Exercices

A. Le renforcement.

Joignez les phrases suivantes en employant *s'il est vrai que… il est non moins vrai que.*

1. Le racisme existe depuis toujours dans notre pays. On peut le combattre.

_____

_____

2. Un acte insensé a provoqué cet essai. La tolérance religieuse aurait empêché cet acte d'avoir lieu.

_____

_____

Écrivez deux phrases pour opposer deux propositions en utilisant *il s'agit de* et *il ne s'agit pas de*.

3. _____

_____

4. _____

_____

B. Synthèse.

Voici un extrait d'un essai de Jean-Paul Sartre (1905–1980). L'auteur y répond à un nombre de reproches adressés à la philosophie existentialiste. Lisez l'extrait et répondez aux questions qui suivent.

—L'existentialisme est un humanisme—

1   On lui a d'abord reproché d'inviter les gens à demeurer dans un quiétisme du désespoir, parce que, toutes les solutions étant fermées, il faudrait considérer que l'action dans ce monde est totalement impossible, et d'aboutir finalement à une philosophie contemplative, ce qui d'ailleurs, car la contemplation est un luxe, nous ramène à une philosophie bourgeoise. [...]   5

2   On nous a reproché, d'autre part, de souligner l'ignominie humaine, de montrer partout le sordide, le louche, le visqueux, et de négliger un certain nombre de beautés riantes, le côté lumineux de la nature humaine; [...] d'avoir oublié le sourire de l'enfant. Les uns et les autres nous reprochent d'avoir manqué à la solidarité humaine, de considérer que l'homme est isolé, en grande   10
partie d'ailleurs parce que nous partons [...] de la subjectivité pure, c'est-à-dire du je pense cartésien, c'est-à-dire encore du moment où l'homme s'atteint dans sa solitude, ce qui nous rendrait incapables par la suite de retourner à la solidarité avec les hommes qui sont hors de moi et que je ne peux pas atteindre dans le cogito.   15

3   Et du côté chrétien, on nous reproche de nier la réalité et le sérieux des entreprises humaines, puisque si nous supprimons les commandements de Dieu et les valeurs inscrites dans l'éternité, il ne reste plus que la stricte gratuité, chacun pouvant faire ce qu'il veut, et étant incapable de son point de vue de condamner les points de vue et les actes des autres.   20

4   C'est à ces différents reproches que je cherche à répondre aujourd'hui; c'est pourquoi j'ai intitulé ce petit exposé: L'existentialisme est un humanisme. [...] Nous entendons par existentialisme une doctrine qui rend la vie humaine possible et qui, par ailleurs, déclare que toute vérité et toute action impliquent un milieu et une subjectivité humaine. [...]   25

5   La plupart des gens qui utilisent ce mot seraient bien embarrassés pour le justifier, puisque, aujourd'hui que c'est devenu une mode, on déclare volontiers qu'un musicien ou qu'un peintre est existentialiste. [...] Pourtant, elle peut se définir facilement. Ce qui rend les choses compliquées, c'est qu'il y a deux espèces d'existentialistes: les premiers, qui sont chrétiens [...]; et, d'autre part, les existentialistes athées parmi lesquels il faut ranger Heidegger [...] et moi-même. Ce qu'ils ont en commun, c'est simplement le fait qu'ils estiment que l'existence précède l'essence, ou, si vous voulez, qu'il faut partir de la subjectivité. [...]   30

6   L'existentialisme n'est pas tellement un athéisme au sens où il s'épuiserait 35 à démontrer que Dieu n'existe pas. Il déclare plutôt: même si Dieu existait, ça ne changerait rien; voilà notre point de vue. Non pas que nous croyions que Dieu existe, mais nous pensons que le problème n'est pas celui de son existence; il faut que l'homme se retrouve lui-même et se persuade que rien ne peut le sauver de lui-même, fût-ce une preuve valable de l'existence de Dieu.   40 En ce sens, l'existentialisme est un optimisme, une doctrine d'action, et c'est seulement par mauvaise foi que, confondant leur propre désespoir avec le nôtre, les chrétiens peuvent nous appeler désespérés.

Jean-Paul Sartre, *L'existentialisme est un humanisme*; Les Éditions Nagel, Metheun & Co.

1. Citez des exemples de parallélisme (la répétition de structures syntaxiques semblables).

    _____

    _____

2. Relevez les expressions utilisées pour parler des objections.

    _____

    _____

3. Citez deux exemples de mise en relief.

    _____

    _____

4. Citez deux expressions utilisées pour présenter une opinion personnelle.

    _____

    _____

5. Quelle est la thèse de l'auteur? Où se trouve-t-elle dans l'extrait?

    _____

    _____

Entraînez-vous!

Voici un essai rédigé par un étudiant américain qui traite du thème du chapitre et qui en utilise les techniques. Analysez-le en faisant bien attention au choix du vocabulaire et des verbes ainsi qu'à l'organisation du texte.

Aimez-vous ce texte? Pourquoi ou pourquoi pas? Quels changements y apporteriez-vous?

—Fausse tolérance—

Depuis que j'ai emménagé dans la petite ville de Strongsville, dans l'Ohio, je n'entends dire aucun mot raciste. Personne n'aurait jamais osé, dans cette ville où tout le monde parle de tolérance et d'égalité comme des enfants naïfs. Donc, j'ai été vraiment surpris quand je me suis rendu compte du racisme qui s'y trouvait, évident à tout œil savant.   5

Ce racisme a été vraiment évident pour les jeunes enfants de mon voisinage qui rentraient du lycée un beau jour, il y a presque trois ans. Ils ont rencontré un Noir[7] dont j'ai oublié le nom—je n'avais jamais eu aucune raison de m'en souvenir—qui faisait les cent pas dans la cour devant sa maison, tout en colère. Quand les enfants sont passés, ils ont distingué les mots «Allez-   10
vous-en» peints sur sa porte, à côté d'une croix gammée, ajoutée pour soutenir ce message. La semaine suivante, l'homme et sa famille ont quitté la ville, sans avoir protesté, et je n'ai plus entendu parler d'eux.

Dans les écoles de Strongsville, tout le monde met en lumière l'idée de tolérance. En visitant le lycée, on aurait l'impression que c'est un lieu saint,   15
dédié à cette grande idée. Mais c'est un dieu faux—ou plutôt, un dieu qui nous échappe. Si les enseignants soulignent la tolérance tous les jours dans les classes, c'est que cela relève des programmes scolaires. En plus, je ne nie pas qu'on trouve dans le lycée des affiches qui font l'éloge de l'égalité, mais elles sont barbouillées le jour même où elles ont été accrochées. Et s'il est vrai que les   20
élèves débattent du racisme et le condamnent dans la classe, il est non moins vrai que, comme beaucoup d'adultes, beaucoup s'amusent en racontant des blagues racistes quand ils sont libérés pour déjeuner ou pour rentrer chez eux. C'est très facile quand leur ville ne compte presque pas de Noirs.

Il y a une année, un Noir américain qui s'appelait James Byrd a été tué   25
quand il a été traîné sur des kilomètres par le camion de trois hommes racistes. Les habitants de la petite ville où ça s'est passé ont demandé justice, pour qu'ils ne soient pas considérés racistes. C'était la question de l'image de marque de la ville qui a été posée par les journalistes tout d'abord. Mais en vérité, ce n'est pas l'image qui importe; on peut forcer les habitants d'une ville à soutenir   30
n'importe quelle image. Ce qui importe, c'est ce que ces gens pensent, ce qu'ils ressentent et comment ils agissent. Et dans notre pays, où beaucoup de gens soutiennent l'image de la tolérance en apparence, mais la sapent en réalité, c'est le problème dont nous devrions nous inquiéter.

Prenons le cas du Noir que j'ai évoqué au début. Tous les habitants de   35
mon voisinage avaient dénoncé le racisme, l'intolérance et la persécution; tous savaient ce qui se passait—qu'il y avait des habitants qui essayaient de garder

---

[7]Cette dénomination n'a pas de connotation raciste.

le voisinage sans Noirs. Alors, qui a fait quelque chose? Qui a dit au moins
qu'il n'était pas d'accord avec ce qui s'était passé, qu'il soutiendrait la famille
noire? Personne. Mais qui a tourné la tête? Qui a fermé les yeux et les portes 40
et s'est arrêté d'écouter? Mes parents, mes voisins—en fait, tout le monde.
Personne ne voulait se battre contre leurs voisins de longue date, de sorte que
les Noirs ont dû fuir.

Voilà pourquoi ma ville est vraiment raciste, bien qu'on n'y entende que
très rarement un mot d'intolérance. J'ai l'impression qu'elle n'est pas unique 45
dans notre pays. Au contraire, notre plus grand problème, ce n'est pas le
racisme déclaré. C'est le racisme caché—la persécution qui éclate subitement
de temps en temps et la passivité qui la laisse exister—dont on doit se rendre
compte pour gagner la lutte contre le racisme.

Atelier d'écriture III

Révisez l'analyse structurelle et stylistique de l'essai de Voltaire aux pages 104 à 111.
Ensuite, faites une esquisse de votre essai en suivant les indications ci-dessous.

- Premier paragraphe: l'événement qui inspire votre essai et votre opinion
- Deuxième paragraphe: un exemple ou des exemples et votre réaction
- Troisième et quatrième paragraphes: d'autres exemples et leur importance pour le développement de votre argument. Faites des comparaisons et utilisez des contrastes pour soutenir votre opinion.
- Conclusion: un appel à la raison et au bon sens

Suivez les conseils proposés ci-dessus ainsi que les indications données par votre
professeur pour bien rédiger votre composition.

Retouches

Maintenant, relisez attentivement votre texte. Élaborez votre brouillon en employant
les formules acquises dans ce chapitre.

Rappel: Il s'agit d'un texte qui présente une idée ou un problème, mis en scène,
dans un but didactique. Il faut donc prêter attention à la méthode d'argumentation et
au ton.

1. L'essai va faire part de vos idées face à une situation. L'essai permet non pas de transmettre un savoir sur un domaine précis, mais plutôt d'inciter les personnes qui lisent à réfléchir.

2. Identifiez un problème, en l'illustrant par un exemple qui décrira les circonstances du problème.

3. Expliquez pourquoi ce problème existe et comment y remédier.

4. Utilisez de nombreux exemples, parallèles, contrastes et techniques de mise en relief pour souligner les divers aspects du problème exposé et votre argumentation.

5. Comme l'essai doit suggérer plutôt qu'enseigner, il est conseillé d'employer un vocabulaire choisi pour persuader les lecteurs/lectrices, et si possible un vocabulaire allégorique, c'est-à-dire susceptible d'être lu à deux niveaux (apparent et suggéré).

6. N'oubliez pas de vérifier les éléments suivants:
   - l'orthographe et les accents
   - l'emploi des propositions subordonnées relatives
   - les conjugaisons et l'emploi du mode subjonctif présent

Dictionnaire personnel. De quels nouveaux mots vous êtes-vous servi(e) pour écrire votre récit? Ajoutez-les à votre dictionnaire personnel.

Révision en groupes. Commentez et corrigez la composition d'un(e) autre étudiant(e) ou/d'autres étudiant(e)s selon le système proposé par votre professeur.

Version finale. Rédigez la version finale de votre composition en prenant en compte les commentaires des étudiants et/ou ceux du professeur.

Écriture libre

Imaginez-vous en tant que blogueur/blogueuse qui essaie de persuader ses lecteurs de changer un aspect de leur vie: d'étudier plus ou moins, de faire plus ou moins de sport, d'arrêter de fumer, par exemple. Considérez bien le style de votre discours: polémique, parodique, démonstratif ou ludique.

Chapitre 6

La dissertation

Il s'agit d'un travail écrit qui permet de présenter, de développer et d'ordonner des idées sur un problème posé (le sujet de la dissertation). L'auteur de la dissertation doit faire preuve de réflexion personnelle, de culture et de logique. Ce genre d'exercice est caractéristique de l'éducation en France, au lycée et à l'université, surtout en sciences humaines.

Point de départ

Pensez aux mots *écologie* et *progrès technologique.* Quelles associations pouvez-vous faire avec ces termes? Cherchez-les dans un bon dictionnaire français-français et notez ci-dessous des verbes, des adjectifs et des noms pour exprimer vos idées sur ces sujets. Vous pouvez toujours ajouter des rectangles aux schémas si vous le désirez.

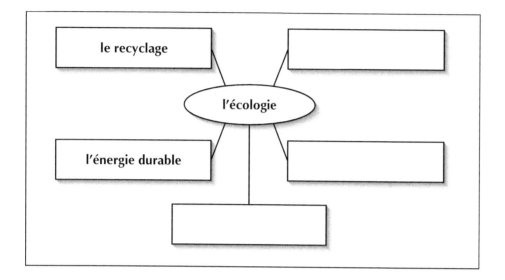

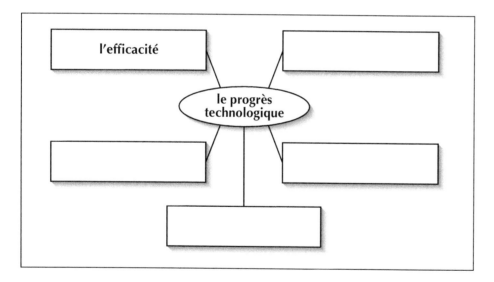

Écriture d'invention

Choisissez un laps de temps (une heure, huit heures, une journée) pendant lequel vous tiendrez un journal. Dans ce journal, prenez des notes sur les images, les odeurs, les sensations et les bruits de votre environnement. Lesquels vous gênent? Lesquels vous font plaisir? Lesquels sont des effets des progrès technologiques?

Atelier d'écriture I

Comme tâche finale, vous devrez écrire une dissertation qui traitera des liens entre l'écologie et les progrès technologiques. Vous allez préciser les rapports entre les deux. Les progrès technologiques et l'écologie sont-ils complémentaires ou sont-ils en conflit? Faites ce travail préliminaire afin d'organiser votre première ébauche.

1. Regardez les schémas que vous venez d'ébaucher. Est-ce que tous les éléments ont la même importance? Y a-t-il de profondes incompatibilités entre certaines réalités?

   _____

   _____

   _____

2. Depuis plus d'un demi-siècle, on adopte des habitudes plus écologiques. Quelles habitudes écologiques avez-vous mises en pratique dans votre vie quotidienne? Pourriez-vous faire plus de choses pour préserver l'environnement? Et votre pays?

   _____

   _____

   _____

3. Cherchez, sur Internet, des informations sur l'écologie pratiquée dans un pays francophone et notez les différences entre cette région et la vôtre. Qu'en pensez-vous?

   _____

   _____

   _____

4. Est-ce que vos parents et grands-parents ont grandi avec la même conscience écologique que vous? Leurs idées ont-elles évolué depuis leur jeunesse?

   _____

   _____

   _____

Vocabulaire utile

Pour parler des problèmes et des solutions écologiques

Substantifs

le changement climatique
la consommation (d'eau, d'électricité)
le déboisement
les déchets (m.) (nucléaires)
la désertification
l'effet (m.) de serre
   le réchauffement de la Terre
   le trou dans la couche d'ozone
les émissions (f.) nocives
l'énergie (f.) éolienne, fossile,
   hydraulique, solaire
l'environnement (m.)
les espèces (f.) en voie de disparition
   (animaux, plantes)
l'extinction (f.) des espèces
le gaspillage des ressources naturelles
les marées (f.) noires (le pétrole)
un OGM (organisme génétiquement
   modifié)
les pluies (f.) acides
la pollution de l'eau, de l'air
les produits (m.) chimiques
le rejet de gaz toxiques
les ressources (f.) naturelles

la surpopulation
les transports (m.) en commun

Expressions verbales

conserver l'eau, l'énergie
contaminer, polluer
faire le tri des déchets, trier les déchets
gaspiller
pratiquer le covoiturage
protéger
recycler le papier, le verre,
   les canettes d'aluminium
réduire
respecter/préserver la nature, la planète
sauvegarder
utiliser un cabas/un panier/
   un filet pour faire les courses

Adjectifs

(non) biodégradable
(non) durable
environnemental(e)
menaçant(e)
obligatoire
renouvelable

Pour parler des progrès technologiques

Substantifs

l'amélioration (f.) des techniques
l'automatisation (f.)
l'avantage (m.)
le conflit
des connaissances (f.)
la découverte
les effets (m.)
l'efficacité (f.)
l'empreinte (f.) carbone
une expérience (scientifique)
l'inconvénient (m.)
les interventions (f.) de la médecine
l'invention (f.)
le lien
le niveau de vie
la productivité
la qualité de vie
le rapport
la recherche
la voiture électrique
la voiture hybride

Expressions verbales

aggraver
améliorer
augmenter
(se) compléter
découvrir
dépolluer
développer
encourager
être en conflit
expérimenter, faire une expérience
faire des progrès
libérer
permettre de/à
servir de/à
supprimer (des emplois)

Adjectifs et autres expressions

défavorisé(e)
émergent(e), en voie de développement
industrialisé(e), un pays industrialisé
technologiquement avancé(e), un pays
   technologiquement avancé

Exercices

A. Expliquez-vous!

Écrivez une paraphrase pour chaque phrase suivante afin d'expliquer le sens de l'expression en italique.

> Modèle   Chaque jour, *je pratique le covoiturage* avec ma collègue pour aller au travail.
> *Chaque jour, je vais au travail dans la voiture de ma collègue.*

1. Tout le monde doit faire un effort pour réduire *l'empreinte carbone.*

   _____

2. *L'énergie éolienne* est une énergie renouvelable.

   _____

3. Le gorille et l'orang-outan sont deux *espèces en voie de disparition.*

   _____

4. Si *le déboisement* continue en Amazonie, la jungle deviendra un désert.

   _____

5. On dit que les progrès technologiques *améliorent* la qualité de la vie.

   _____

6. Pour *sauvegarder* la planète, nous devons changer nos habitudes de consommation.

   _____

7. *Encourager la recherche* est la seule manière de découvrir des solutions.

   _____

8. Il ne faut pas *gaspiller nos ressources naturelles.*

   _____

B. Complétez.

Terminez les phrases suivantes en utilisant des expressions du *Vocabulaire utile.*

1. Les expériences scientifiques doivent servir à…

   _____

2. … constitue un lien entre l'écologie et les progrès technologiques.

   _____

3. Les effets du réchauffement de la Terre sont…

   _____

4. Quelques inconvénients associés aux progrès technologiques sont…

_____

5. L'avantage des transports en commun, c'est…

_____

C. Un débat.

Discutez en deux petits groupes des liens entre certains aspects de l'écologie et divers progrès technologiques. Un groupe va argumenter que les progrès technologiques ont eu des effets positifs sur le plan écologique. L'autre groupe va argumenter le contraire, que les effets sont plutôt négatifs. Utilisez les expressions du *Vocabulaire utile* et d'autres expressions, si nécessaire.

Bernard Vaudour-Faguet

—Dissertation: l'écologie sentimentale—

Cette dissertation a été publiée en 1985 dans la revue politique, littéraire et philosophique Les temps modernes, *fondée en 1945 par Jean-Paul Sartre et Simone de Beauvoir. Le sujet de dissertation proposé est: «Est-ce que le message écologique a changé les comportements des contemporains?»*

1   Tout le monde se sent écologiste. Et personne ne l'est vraiment. Tout le monde aime la nature. Et tout le monde la pollue. Tout le monde préfère les prairies odoriférantes, les cimes parfumées, les acacias en fleurs aux odeurs du périphérique°. Tout le monde déteste les plages de mazout°, les masses   *beltway / oil* d'immeubles, les rivières chargées de sel ou de détergents. Tout le monde…   5

2   L'écologie est le royaume des évidences. On aime tout ça… et on fait le contraire. Plus l'environnement se décompose sous nos yeux, plus l'émotion, plus «le naturel» remonte en surface. Le sentiment de verdure envahit l'opinion alors même qu'il n'en reste plus un seul hectare. L'émotion collective est intense, c'est certain—mais stérile. Elle ne sert à rien ou   10 contribue parfois au désastre. Le pire pollueur de la Seine aime Paris, le pire bûcheron aime la forêt, le pire chimiste aime les légumes «bio». Comment les membres d'une société qui attachent tant d'importance aux choses du milieu vivant finissent-ils par détruire les formes animées qui peuplent la planète? Car personne n'a déclaré ouvertement la guerre aux plantes, aux   15 animaux, aux océans. Et on ne sait par ailleurs ce qu'il advient de la flore alpine, des hérissons, des fonds de la Méditerranée. On se désole, mais on tue. Aucun discours public n'a jamais affirmé solennellement qu'il se proposait de détruire un paysage de vallée, un littoral, un massif boisé. Bien sûr. On «aménage°», on crée de «l'emploi», on «suit le progrès»…   20   *develops, builds* L'écologie, en ce sens, permet de se faire une âme en forme de bouton d'or°. Le langage respecte les petites fleurs, les pâquerettes°, les escargots.   *buttercup / daisies* La sensiblerie pleurnicharde° triomphe partout. Le réalisme triomphant   *whining attitude* massacre tout l'espace.

3   Après quinze ans de prédictions acharnées, le message de la protection   25 de la nature a été entendu. La préoccupation verte déclenche un stimulus frissonnant sur les cœurs de nos contemporains. Et deux secondes après, on monte dans sa voiture, laquelle déverse un kilo de plomb par an dans

l'atmosphère. Quinze ans de larmoiements° ont perturbé les raisonnements   *involuntary tears*
et le sens critique… sans bousculer les modes de vie. Les bons sentiments   30
étouffent l'esprit autant que la biosphère. L'abus de cette drogue philosophique
a transformé nos hommes «bio» en êtres bicéphales: 1) une tête pense la nature,
protège, défend le milieu, désire l'intégration en douceur, espère atteindre à la
convivialité, etc.; 2) une seconde tête pense l'adaptation, le travail, le salaire,
le confort, l'efficacité, la rapidité. Comment concilier deux processus opposés,   35
irréconciliables, sans rapprochement possible dans leur développement?
C'est difficile.

4   Tandis que l'argumentation écologique s'intensifiait, s'élargissait,
«passait» bien° aux yeux du grand public, les chances de voir démarrer° un   *was heard, understood,*
embryon de société écologique se réduisaient de plus en plus. Le langage tout   40   *accepted* / mettre en
seul ne peut prétendre façonner l'écosystème. Le mensonge (ou l'imposture)   marche
montre vite son nez.

Excerpt from "Écologies et écologismes: la fin du voyage" par Bernard Vaudour-Faguet
in *Les Temps Modernes*, n° 465, avril 1985

Réactions et compréhension

1. Pensez-vous que l'auteur réponde bien à la question posée dans le sujet de
   dissertation? Quelles phrases trouvez-vous les plus (ou les moins) convaincantes?

   _____

   _____

2. Dans le premier paragraphe, l'auteur a-t-il l'air d'être pour l'écologie, contre
   l'écologie ou bien ne se prononce-t-il pas?

   _____

   _____

3. Qu'est-ce que l'auteur veut dire par la phrase «L'écologie est le royaume des
   évidences»?

   _____

   _____

4. Dans le deuxième paragraphe, quels aspects de l'écologie sont décrits?

   _____

   _____

5. Citez des exemples du deuxième paragraphe où les êtres humains font le contraire
   de ce qu'ils pensent au sujet de l'écologie.

   _____

   _____

6. Qu'est-ce qui joue un rôle plus important que l'écologie dans le monde contemporain, industriel et technologiquement avancé, d'après ce deuxième paragraphe? Citez plusieurs exemples précis dans le texte.

_____

_____

_____

7. Dans le deuxième paragraphe, trouvez des expressions ironiques synonymes d'«écologie» et notez-les.

_____

_____

_____

_____

8. Quelle image l'auteur utilise-t-il dans le troisième paragraphe? Quelle est sa fonction?

_____

_____

_____

_____

9. Dans le dernier paragraphe, l'auteur exprime-t-il l'espoir de voir se développer une véritable société écologique ou non? Est-ce qu'un équilibre entre le monde écologique et le monde industriel avancé est possible selon l'auteur? Citez le texte pour justifier votre réponse.

_____

_____

_____

_____

10. Pensez-vous que le titre du texte traduise bien l'opinion de l'auteur? Justifiez votre réponse en expliquant la thèse de ce texte.

_____

_____

_____

_____

Résumé et réflexions

Résumez les idées de l'auteur sur le monde actuel et l'écologie. Montrez bien la profonde tension entre les belles idées écologiques et la réalité d'un monde de plus en plus industrialisé. Ensuite, comparez ces idées avec vos propres associations des schémas du Point de départ à la page 118.

Analyse structurelle

Dans ce texte, une progression explicative a été choisie. Faites bien attention aux parties du texte énoncées ci-dessous. Ensuite, répondez aux questions qui suivent.

Le sujet du devoir: Est-ce que le message écologique a changé les comportements des contemporains?

1. Quels sont les mots-clés de ce sujet de dissertation?

    _____

    _____

2. S'agit-il de convaincre le lecteur que la conscience écologique est nécessaire ou bien de lui montrer autre chose? Quoi?

    _____

    _____

Le premier paragraphe: introduction

3. Le premier paragraphe fait le constat d'un problème. Lequel?

    _____

    _____

4. L'introduction sert à conduire le lecteur à l'intérieur de la dissertation. Le lecteur de la dissertation ne connaît pas le sujet. Il faut donc lui présenter le sujet et éveiller son intérêt. Distinguez dans les phrases du premier paragraphe deux idées contradictoires.

    Première idée: _____

    _____

    Deuxième idée: _____

    _____

5. À votre avis, pourquoi la dernière phrase n'est-elle pas terminée? Selon votre analyse des deux idées, qu'est-ce qui manque à la fin de cette phrase inachevée? Pourquoi?

    _____

    _____

Les paragraphes suivants: discussion du problème

6. Notez la phrase qui résume le premier paragraphe au début du second paragraphe. Ensuite, citez les phrases au début de chaque paragraphe (deuxième, troisième et quatrième) qui répètent les deux mêmes messages. Expliquez ces messages.

   Phrase qui résume le premier paragraphe: _____

   _____

   Premier message: _____

   _____

   Deuxième message: _____

   _____

7. Quelle est la thèse de l'auteur, expliquée dans la deuxième partie du deuxième paragraphe?

   _____

   _____

8. Citez les «preuves» de cette thèse qui sont disséminées dans tout le texte.

   _____

   _____

9. Commentez le constat paradoxal expliqué à la fin du deuxième paragraphe.

   _____

   _____

10. Dans le troisième paragraphe, comment l'auteur transforme-t-il le paradoxe du deuxième paragraphe?

    _____

    _____

11. Commentez l'image de l'être «bicéphale» qui était annoncée dans la structure des phrases de l'introduction.

    _____

    _____

12. Dans le dernier paragraphe, l'auteur exprime sa méfiance à l'égard du langage. Trouvez les phrases qui montrent les limites des «mots».

    _____

    _____

Le dernier paragraphe: la synthèse

13. Le dernier paragraphe réitère les trois messages importants du texte. C'est dans cette partie finale que l'auteur offre un avis définitif sur un problème posé. Quels sont les trois messages de cette conclusion?

Premier message: _____

Deuxième message: _____

Troisième message: _____

14. Expliquez comment la syntaxe et les choix linguistiques du premier paragraphe préparent le lecteur à ces trois messages.

Pour le premier message: _____

Pour le deuxième message: _____

Pour le troisième message: _____

15. Normalement, pour assurer la continuité et l'articulation logique d'une argumentation, ainsi que l'enchaînement des parties, on utilise des transitions qui permettent de faire le lien entre la partie précédente et la partie suivante. Mais ici, l'auteur n'utilise pas de paragraphes qui serviraient de transitions. Comment assure-t-il pourtant l'enchaînement des idées entre les parties de son texte?

_____

_____

_____

Autres progressions possibles

Dans le texte précédent, une progression explicative (explication du sujet, discussion) a été choisie. D'autres progressions sont possibles. C'est souvent le sujet de la dissertation, qui dicte le type de progression choisie.

La progression «problème/discussion»:
• Constat du problème
• Causes du problème
• Solutions

Exemple du procédé:

«Les drogues dans notre société»

[Constat du problème]

Il semble nécessaire de se droguer pour «bien vivre» (consommation d'alcool, de tabac, de marijuana, d'héroïne, de substances chimiques variées…). Or, ces drogues, qui ne produisent que des sentiments de bonheurs éphémères, sont aussi la cause d'accidents, de maladies, de violences et de morts.

[Causes du problème]

Pourquoi prendre des drogues? Pour s'amuser? faire «comme les autres»? vivre de nouvelles expériences? tenter d'atteindre un bonheur idéal? Il semble parfois nécessaire de boire ou de fumer en société pour être accepté. De plus, on prend des drogues pour oublier la réalité, surmonter des problèmes personnels ou professionnels et oublier la cruauté du monde extérieur. L'emploi des drogues n'est problématique que lorsqu'il est destructeur et/ou autodestructeur.

[Solutions]

Tout est affaire de contrôle et de dosage. Boire à l'occasion n'est pas nocif, si on prend soin de ne pas conduire, par exemple. Tout usage excessif et régulier est nocif et signale vraisemblablement un problème. Il s'agit de résoudre ce problème, avec l'aide d'autres personnes (médecins, conseillers, parents, amis, etc.).

La progression «classique dialectique»:

Introduction: présentation du sujet et suggestion du plan de la dissertation.

Développement:

1. Hypo(thèse) de travail, avec arguments.
2. Antithèse qui présente les arguments opposés à l'hypo(thèse) de travail. (Cette partie aboutit à une contradiction apparente entre les parties 1 et 2.)
3. Synthèse qui combine les deux parties précédentes, trouve un juste milieu et écarte la contradiction.

Conclusion: avis définitif sur le problème posé. Elle peut aussi élargir le sujet.

Exemple du procédé:

«L'essentiel dans l'éducation, ce ne sont pas les connaissances, c'est la curiosité.»

[Introduction]

Quelles sont les finalités de l'éducation? On peut opposer une tâche primordiale, celle d'éveiller, de susciter l'intérêt et la curiosité, à une tâche accessoire, l'enseignement de contenus. Pourtant, deux écueils doivent être surmontés: le laxisme et l'enseignement purement utilitaire. En réalité, une éducation idéale doit trouver un équilibre entre ces deux objectifs.

[Développement]

L'éducation est une méthode d'éveil, qui permet de former un être, d'ouvrir les yeux et les esprits des jeunes au monde passé et présent, extérieur et intérieur. Elle doit être dynamique et contribuer au développement de la personnalité des individus. Il faut apprendre à apprendre, éveiller la curiosité. Et elle est aussi source de formation morale et civique. L'école doit former des citoyens respectueux les uns des autres, c'est une préparation à la vie en société.

Il faut pourtant éviter de vider l'école de ses contenus. Si on ouvre trop l'école au monde extérieur, par exemple par des sorties scolaires ou bien en copiant les horaires du monde du travail, on risque de pousser les élèves à la paresse intellectuelle. Il ne s'agit pas de simplement amuser les élèves, mais de leur faire acquérir des connaissances, de les pousser à réfléchir et apprendre. Acquérir des connaissances en histoire, géographie, mathématiques ou littérature, c'est non seulement acquérir un savoir, mais aussi définir les facultés et les goûts de chacun. L'école ne doit pas préparer seulement à un métier, privilégier l'efficacité; ce serait la vider de son âme.

L'éducation doit cultiver à la fois l'inutile, le savoir non rentable et le goût de l'apprentissage. Elle doit permettre la découverte de technologies variées, grâce aux professeurs qui sont plus des guides que des encyclopédies vivantes.

[Conclusion]

Il convient de maintenir un équilibre entre connaissances et curiosité, éveil. Ainsi chaque individu pourra trouver aussi un équilibre. Une bonne éducation doit donner les moyens de vivre pleinement.

Analyse stylistique

1. Regardez les phrases du premier paragraphe et expliquez les points communs entre elles (choix des mots, temps des verbes, phrase positive ou négative, phrase longue ou courte, etc.). Quels sont les effets de ce que vous avez constaté?

   _____

   _____

   _____

2. Le premier paragraphe se termine par les mêmes mots qu'au début. Quels sont les effets de cette répétition?

   _____

   _____

3. Par quels procédés stylistique et rhétorique l'auteur explique-t-il la duplicité des êtres humains dans le premier paragraphe? Par exemple, trouvez des parallélismes, des contrastes, des oppositions, une hyperbole.

   _____

   _____

4. Quelles images, quels paradoxes, quelles métaphores ou périphrases l'auteur crée-t-il pour évoquer l'écologie?

   _____

   _____

   _____

5. Trouvez une série de mots que l'auteur emploie dans tout le texte qui soulignent l'absence d'hésitation, l'affirmation d'une opinion très forte et citez-les.

   _____

   _____

6. Notez l'évolution des temps des verbes dans le texte.

   Premier paragraphe: _____

   _____

   Deuxième paragraphe: _____

   _____

   Troisième paragraphe: _____

   _____

Quatrième paragraphe: _____

_____

Pourquoi l'auteur a-t-il choisi d'utiliser ces différents temps? Quels sont les effets de leur emploi?

_____

_____

7. L'auteur utilise de nombreuses répétitions de mots, d'arguments, de formules, etc. Notez-en quelques-unes et expliquez leurs effets.

_____

_____

Les actes de parole

Les transitions

Pour assurer la logique et la cohésion de votre argumentation, vous aurez besoin de termes d'articulation du discours. Vous en avez déjà vu quelques-uns dans le Chapitre 4 *(Pour narrer chronologiquement)* et dans le Chapitre 5 *(Les actes de parole).* Voici d'autres expressions dont vous pouvez vous servir.

Pour établir une progression logique	Pour introduire une explication/une illustration/une précision	Pour montrer de la réserve/introduire une opposition	Pour tirer une conclusion
(Tout) d'abord/ À première vue	Ainsi	Tout au moins	Enfin
Ensuite/ D'ailleurs	Autre aspect positif/ négatif de	Cependant	Pour conclure
D'une part/ D'autre part	Autre exemple (probant, convaincant)	Pourtant Toutefois	En conclusion
	C'est-à-dire	Par contre	
De plus En outre En premier lieu/ En second lieu Par ailleurs	Encore un exemple Notamment Par exemple Non seulement... mais	Excepté(e) Exception faite de Mais Néanmoins Contrairement à Bien loin de Au contraire Tout en reconnaissant le fait que... il faut cependant noter que	En définitive En dernier lieu En fin de compte Finalement Pour finir Pour toutes ces raisons Tout compte fait

Exercices

A. La publicité.

Remplacez le blanc par un terme d'articulation approprié du tableau à la page précédente.

1   La publicité est dangereuse. Elle est pleine de supercheries° habilement camouflées°, et sa force de persuasion est si grande que ses effets sont mal perçus du public, même quand il en est victime. Il convient de la décrier° comme elle le mérite. — *tricks* / *cleverly camouflaged* / *to denounce it*

2   _____ elle incite aveuglément à l'achat.   5
À cause d'un slogan astucieux° ou d'une affiche habile, le consommateur est amené à faire un achat qu'il n'avait pas prévu. Souvent, cet achat dépasse ses moyens et obère° son budget du moment. — *clever* / *burdens*

3   _____ la publicité exagère quand elle loue les qualités d'un article. À force de superlatifs, de mises en scène ingénieuses,   10 de témoignages° artificiels, elle finit par convaincre le consommateur qu'un article est de grande qualité. L'achat de ce produit entraîne souvent la déception. Le consommateur est trompé. La publicité l'a insidieusement conditionné pour mieux le duper. — *testimonials*

4   Cette publicité est _____ envahissante°.   15
Les émissions radiophoniques sont continuellement interrompues par la diffusion de pages publicitaires. Les hebdomadaires de la presse écrite comptent autant de pages publicitaires que d'articles et de reportages. Les boîtes aux lettres sont encombrées par des prospectus divers qui consomment inutilement de grandes quantités de papier. À la longue, cette présence pléthorique° de la   20 publicité agace. Et on ne peut s'y soustraire puisqu'elle est partout! — *invasive* / *massive*

5   _____ la publicité est souvent impudique°, si ce n'est pas immorale. Les murs des villes sont couverts d'affiches d'un goût douteux et de nombreuses publicités valorisent excessivement le profit, le confort, la facilité.   25 — *immodest*

6   _____ je pense qu'il y a lieu de dénoncer vigoureusement les supercheries de la publicité. La meilleure façon d'y parvenir est encore d'éclairer le consommateur sur les qualités et défauts réels d'un article. […] La vulgarisation de semblables démarches° protégera mieux les gens de la publicité en même temps qu'elle les entraînera à observer, à comparer, à   30 s'informer: c'est-à-dire à apprécier par eux-mêmes la valeur des choses.[1] — *the popularization of such actions*

B. Quelle progression?

Analysez la fonction de chaque paragraphe dans le texte reproduit dans l'exercice A.
En vous reportant à la partie Analyse structurelle, identifiez la progression suivie par l'auteur (thèse–antithèse, progression explicative, problème–discussion).

_____

_____

_____

[1]Excerpt from *Structurer sa pensée, structurer sa phrase: Techniques d'expression orale et écrite*,
Gilberte Niquet, Hachette, ©1987, p. 116. Used with permission.

Atelier d'écriture II

Faites les exercices suivants. Ils vous aideront à enrichir votre travail sur certains aspects de l'écologie dans votre vie et les conflits avec les progrès technologiques (ou bien le développement de technologies pour développer l'écologie).

1. Faites une liste des livres, des films, de vos expériences personnelles, des discussions, de vos voyages ou visites de musées ou d'expositions qui vous permettront d'illustrer votre point de vue dans votre dissertation. Faites appel à vos connaissances et à votre mémoire.

_____

_____

_____

_____

_____

2. Citez des documents variés qui traitent des arguments pour et contre l'écologie et des progrès technologiques. Développez des arguments contraires aux vôtres, afin de pouvoir en discuter.

_____

_____

_____

_____

_____

3. Relisez les phrases et les paragraphes que vous avez formulés ci-dessus. Essayez de rendre l'expression de vos idées plus claire et plus convaincante, en vous servant de quatre expressions étudiées dans Les actes de parole, p. 130.

_____

_____

_____

4. Faites un plan détaillé en suivant les principes d'organisation expliqués aux pages 125–128. Choisissez bien la progression la plus adaptée à votre argumentation.

_____

_____

_____

La stylistique

Le participe présent

Le participe présent, souvent précédé par la préposition *en*, peut exprimer la manière dont une action s'effectue, la cause ou les circonstances. Dans ces deux exemples, le participe présent exprime la manière:

>En *pratiquant* le covoiturage, on peut faire des économies.

>En *obligeant* les personnes à recycler, la ville fait de ses habitants des citoyens responsables.

Il s'emploie également pour exprimer la simultanéité.

>On peut vivre plus sainement (tout)[2] en *sauvegardant* l'environnement.

Utilisé dans son sens adverbial, l'usage du participe présent évite la répétition d'une suite de verbes à la même forme (troisième personne du singulier, par exemple), ainsi que des conjonctions telles que *puisque, pendant que* et *parce que*, qui pourraient alourdir le style:

>*Puisqu'elle oblige* les personnes à recycler, la ville fait de ses habitants des citoyens responsables. →

>*En obligeant* les personnes à recycler, la ville fait de ses habitants des citoyens responsables.

Notez bien: Le sujet du participe présent est le même que le sujet du verbe conjugué. Enfin, *en* n'est pas obligatoire devant un participe présent. Il souligne seulement la simultanéité.

Attention: Le participe présent est beaucoup moins utilisé en français que le gérondif en anglais. Dans la plupart des cas, le gérondif en anglais *n'est pas exprimé* par un participe présent en français. Regardez les exemples suivants. Aucune de ces phrases en anglais ne pourra utiliser le participe présent en français.

>*I am tired of repeating the same thing.* → J'en ai assez de répéter la même chose.

>*Seeing is believing.* → Voir, c'est croire.

>*She likes swimming.* → Elle aime nager.

Exercice

Le participe présent.
Dans les phrases suivantes, remplacez une des propositions par le participe présent. Précisez le sens (manière, cause, simultanéité) communiqué.

Modèle   Quand on roule trop vite, on peut provoquer un accident.
En roulant trop vite, on peut provoquer un accident. (exprime la manière)

1. Puisqu'elle incite à l'achat, la publicité est dangereuse.

   _____

   _____

2. Puisqu'il a reconnu ses torts, il s'est fait pardonner.

   _____

   _____

---

[2]Pour souligner ou insister sur la simultanéité des deux actions, on peut dire *tout en* + *participe présent*.

3. Comme nous traversons une période de crise, nous devons être économes.

_____

_____

4. Elle lave les vitres pendant qu'elle écoute la radio.

_____

_____

5. Continue tes gammes: si tu persévères, tu obtiendras de bons résultats.

_____

_____

6. Pendant que nous marchions dans la nuit, nous avons vu une étoile filante.

_____

_____

7. Il est tombé parce qu'il courait trop vite.

_____

_____

8. Ils ont pu acheter cette maison parce qu'ils avaient mis de l'argent de côté.

_____

_____

L'infinitif substantivé

Comme vous avez vu dans le Chapitre 3, vous pouvez varier votre style en remplaçant une proposition verbale par un infinitif. Cet emploi de l'infinitif substantivé est souvent repris par la construction *c'est*…

Recycler, c'est réduire des déchets.

Mais l'infinitif substantivé peut aussi être utilisé tout seul ou introduit par un déterminant.

Se déplacer en vélo peut réduire la pollution.

Parler n'est pas agir.

Le vouloir du peuple est nécessaire pour qu'un pays devienne «vert».

L'emploi de l'infinitif substantivé est passé dans le lexique de la langue:

On peut souvent se débrouiller dans une situation difficile en déployant son savoir-faire.

Exercices

A. L'infinitif.

Remplacez le(s) expression(s) en italique par un infinitif substantivé. Renforcez le sens de l'expression en ajoutant *c'est* devant le verbe ou deuxième verbe lorsqu'il y a deux verbes.

Modèle   *Quand on vit bien, on mange* bien.
           Bien vivre, c'est bien manger.

1. *Quand on mange bien, on peut se récompenser* des ennuis de la vie quotidienne.

_____

2. *Quand on aime quelqu'un, on sacrifie* une partie de soi-même.

_____

3. *L'instruction* est le devoir des parents et des écoles.

_____

4. *Si on croit* à l'astrologie, *il faut ignorer* les lois naturelles.

_____

5. *Si on veut, on peut.*

_____

B. L'infinitif substantivé.

Que veulent dire ces infinitifs employés comme substantifs? Donnez une définition, à l'aide du dictionnaire s'il le faut. Utilisez-les dans une phrase qui en montre la signification.

1. le bien-être: _____

_____

2. le savoir-vivre: _____

_____

3. le dire: _____

_____

4. un parler: _____

_____

5. le boire et le manger: _____

_____

Entraînez-vous!

Voici une dissertation sur la photographie, rédigée par un étudiant américain, qui utilise les techniques du chapitre. Analysez-la, en faisant bien attention:

- à l'organisation de la dissertation (Repérez les parties principales.)
- à la clarté de l'argumentation (Quel procédé l'auteur suit-il?)

Que pensez-vous de ce texte? Est-ce que l'auteur a réussi à sa tâche? Faites-en une brève critique. Quels changements y apporteriez-vous?

«Photographier, c'est donner de l'importance.» Que pensez-vous de cette affirmation de l'essayiste Susan Sontag alors que la photographie s'est banalisée dans notre monde rempli d'images?

—L'importance de la photographie—

La photographie de nos jours est un outil essentiel de la société, nous reliant aux événements et aux informations du monde. Il n'est pas douteux qu'elle s'est banalisée, et que rien n'est important simplement parce que cela a été photographié. Mais, il est non moins vrai que ce qui est important dépend souvent de la photographie pour toucher le monde. De plus, être banal ne   5
signifie pas être sans importance—beaucoup de photographies banales servent à influencer le monde tous les jours. Donc, photographier est souvent, mais pas toujours, «donner de l'importance», comme l'affirme S. Sontag.

Pour la plupart des gens, photographier quelque chose est vraiment rendre ce «quelque chose» incontestable. Sans raison évidente de douter du   10
contenu des photographies, on accepte qu'elles révèlent la vérité. Qui aurait pu croire qu'un accident de centrale nucléaire, tel que celui de Chernobyl, puisse d'abord détruire une région entière, mais ensuite, permettre, en raison de l'exclusion des êtres humains, la création de la plus grande réserve naturelle d'Europe? Personne, jusqu'à ce qu'on ait vu les photos de certaines espèces   15
animales et végétales qu'on pensait disparues. Depuis la deuxième moitié du XX<e> siècle, tout particulièrement, c'est la photographie qui force le monde à se rendre compte des événements mondiaux.

D'ailleurs, la photographie fait partie intégrante de notre société, de sorte qu'on compte sur les photos pour s'informer et faire évoluer de nombreuses   20
sciences. Ainsi, les actualités sont télévisées, les bulletins météorologiques et la médecine reposent sur l'emploi de photographies, les publicités nous bombardent d'images plutôt que de mots. Affirmer que la photographie ne donne plus d'importance à ce qu'elle représente, c'est donc nier une grande partie de la vie moderne.   25

Chaque famille, enfin, prend des centaines de photos, pour ainsi immortaliser ses souvenirs. Si ces photos sont sans importance pour le public, elles sont primordiales pour l'histoire personnelle de nombreuses générations. Elles sont un aide-mémoire de la croissance des enfants, du bonheur de certaines rencontres, mais elles permettent aussi d'évoquer plus facilement   30
son passé grâce aux photos des grands-parents ou arrière-grands-parents. Elles peuvent ainsi garder vivants les souvenirs des défunts, qui restent alors présents.

Pourtant, s'il est incontestable qu'il y a cent ans, la photographie était associée avec LA réalité et LA vérité, aujourd'hui, dans notre monde rempli   35
d'images, on ne peut plus les apprécier toutes, ni toutes les croire. Les photos

de violence, de souffrances ou d'événements extraordinaires ne nous choquent plus. Nous en avons vu des millions. Chaque photo n'est pas importante en elle-même.

En outre, on sait combien il est facile aujourd'hui de manipuler les photographies et de faire des montages, rendant toute illusion possible. Ainsi, vous pouvez créer une photo de vous-même avec Abraham Lincoln à vos côtés ou bien une photo de votre mère sur la lune! Les trucages sont illimités, ôtant toute crédibilité historique aux photographies. C'est la raison pour laquelle, par exemple, les photos ne sont pas acceptées comme preuves dans les tribunaux français. 45

D'ailleurs, la photographie est devenue un art, c'est-à-dire l'expression du goût, du savoir et des concepts du photographe, et non pas un reflet neutre d'une réalité quelconque. Pensons aux photos de Richard Avedon, de Robert Doisneau et d'August Sander, dont les portraits de gens connus et inconnus 50 se démarquent par leur style propre et resteront immémorables, comme des tableaux de peinture.

Toutefois, tant que les événements mondiaux continueront d'attirer notre attention, la photographie ne sera jamais vraiment ni banale, ni inutile. Les Américains ont subi des bulletins d'informations violentes chaque nuit de la 55 guerre du Viêt-Nam. Mais, une simple photo d'une petite fille s'échappant de sa ville en flammes a été si choquante qu'elle est devenue synonyme des appels pour la paix—et reste encore dans la mémoire nationale, voire internationale. Donc, si la plupart des photos dans le monde sont écartées à cause de leur banalité, certaines donnent de l'importance à leur sujet. 60

Et même s'il est vrai que les idées explicites des photos individuelles sont fréquemment perdues et qu'elles n'attirent plus l'attention, il est non moins vrai pourtant que les idées subtiles (ou subliminales) de la photographie restent fortes. Roland Barthes a distingué plusieurs niveaux de sens dans une photographie: le «sens obtus», celui qui vient «en trop», qui est «à la fois 65 têtu et fuyant», «en plus» du sens «obvie». Dans la publicité, où les images utilisent efficacement le sens obtus pour faire appel au public, la répétition est essentielle. Il y a dix photos de belles femmes, buvant ou fumant, dans chaque magazine du monde? Oui, c'est banal. Mais, c'est néanmoins très efficace: beaucoup d'enfants associent l'alcool et le tabac avec le bonheur, 70 avec la sexualité et avec la jeunesse. C'est de cette façon contournée que la photographie banale peut être tellement importante!

La photographie elle-même—comme technologie, comme phénomène— n'attire plus notre attention. Alors photographier, est-ce que c'est «donner de l'importance»? Pas toujours. Mais la photographie fait partie intégrante 75 du monde, étant un outil sur lequel on compte tous les jours. Donc, dans de nombreux cas, même dans des cas qui peuvent sembler banals, photographier quelque chose, c'est rendre ce «quelque chose» important.

Atelier d'écriture III

Revoyez votre plan détaillé (Atelier II) et ensuite rédigez votre introduction et votre conclusion, en respectant les principes organisateurs de ces deux parties.

Suivez les conseils proposés dans ce chapitre ainsi que les indications données par votre professeur pour bien rédiger votre dissertation.

Retouches

Maintenant relisez attentivement votre texte. Corrigez et polissez votre dissertation en faisant attention à la présentation.

Rappel:

1. Pour écrire une dissertation, il s'agit de bien analyser le problème posé ou la citation proposée. Distinguez plusieurs aspects du problème et pensez à des associations que vous pouvez faire avec certains mots.

2. Pour construire votre argumentation, il faut trouver des arguments, des idées, des associations différents des vôtres, voire même opposés aux vôtres.

3. Les qualités principales d'une dissertation sont la rigueur logique de l'argumentation et la cohérence. Il est nécessaire d'illustrer chaque idée par des exemples puisés dans vos lectures, vos connaissances ou vos expériences, par exemple. Pour enrichir votre travail, cherchez dans le dictionnaire l'étymologie ainsi que tous les sens des mots-clés du sujet ou bien des mots-clés de votre argumentation.

4. Choisissez un des plans d'organisation (expliqués aux pages 125–128). Quel que soit le plan d'organisation choisi, tout travail se compose d'une introduction, d'un corps (ou développement) et d'une conclusion.

   - **L'introduction** explicite le problème. Elle offre un cadre de réflexion et énonce clairement le sujet à aborder. Enfin, elle présente la démarche poursuivie dans le devoir sans annoncer complètement la position finale de l'auteur. L'introduction est écrite à l'attention d'une personne qui ne connaît pas le sujet. Elle est relativement courte (10 à 15% de l'ensemble du devoir).

   - **Le corps du devoir** examine le problème, permet la confrontation des arguments et tente de résoudre le problème soulevé. Il présente des arguments pour et contre son opinion avant de suggérer une opinion finale. Le corps du devoir se compose de parties distinctes, qui sont des unités logiques, des ensembles cohérents.

   - **Les transitions** sont primordiales pour assurer la continuité du corps du devoir et l'enchaînement des parties et des idées. Trouvez les mots justes!

   - **La conclusion** fait le bilan de la discussion. Elle reprend l'avis définitif de l'auteur du devoir. Elle peut également offrir un élargissement du sujet, en dépassant la position finale, vers de nouvelles perspectives. La conclusion représente 10 à 15% de l'ensemble du devoir.

5. Vérifiez bien que votre démonstration est logique et cohérente.

6. N'oubliez pas de vérifier les éléments suivants:

   - l'orthographe et les accents
   - les propositions complétives avec *que* et l'indicatif ou le subjonctif
   - les constructions impersonnelles, telles que *il est temps/l'heure de, il faut, il s'agit de, il est important/évident que*, etc.

Dictionnaire personnel. De quels nouveaux mots vous êtes-vous servi(e) pour écrire votre dissertation sur l'écologie et les progrès technologiques? Ajoutez-les à votre dictionnaire personnel.

Révision en groupes. Commentez et corrigez la dissertation d'un(e) autre étudiant(e) ou d'autres étudiant(e)s selon le système proposé par votre professeur.

Version finale. Rédigez la version finale de votre dissertation en prenant en compte les commentaires suggérés par les étudiant(e)s et/ou ceux du professeur.

Écriture libre

Regardez ces deux photos. Quelles pensées suscitent-elles sur l'écologie? Écrivez vos réflexions dans votre journal selon les indications de votre professeur.

Huguette Roe/Shutterstock.com

Brian A Jackson/Shutterstock.com

Chapitre 7

Le commentaire composé

Le commentaire composé est un genre d'analyse littéraire, formulé à partir d'un examen critique et minutieux d'un court extrait de texte (d'un roman, d'une nouvelle ou d'un poème, par exemple). Un commentaire composé n'est ni une paraphrase, ni une histoire littéraire, ni une biographie de l'auteur, ni une reformulation d'un passage. C'est une analyse textuelle méthodique et précise, organisée autour d'idées ou d'axes de lecture choisis soigneusement, selon les principes élaborés dans la suite du chapitre.

Point de départ

Quels poèmes avez-vous déjà lus et étudiés en français? dans votre langue maternelle? En quoi la lecture de la poésie est-elle différente de la lecture de romans ou de nouvelles? Connaissez-vous des poèmes qui racontent une histoire? qui ont du suspense? Qu'est-ce qui rend un poème difficile à lire? beau? mémorable? inquiétant? Pensez à la langue poétique et à la structure du poème pour expliquer vos idées.

Écriture d'invention

Écrivez un poème «boule de neige» de 7–10 vers, c'est-à-dire, un poème qui consiste en un inventaire lexical qui s'agrandit à mesure que le poème s'allonge. Le premier vers se compose d'un mot, le deuxième de deux mots, le troisième de trois mots, et ainsi de suite.

Atelier d'écriture I

Dans ce chapitre, vous allez rédiger un commentaire composé, basé sur un poème ou une chanson de votre choix. Pour vous familiariser avec ce processus, lisez plusieurs fois le poème célèbre de Rimbaud intitulé *Le Dormeur du val*. Lisez-le d'abord en silence, puis à haute voix. Ensuite, réfléchissez et répondez aux questions.

Le Dormeur du val

C'est un trou de verdure où chante une rivière
Accrochant° follement aux herbes des haillons°   *Hanging / rags*
D'argent; où le soleil, de la montagne fière,
Luit°: c'est un petit val qui mousse de rayons.   *Glistens*

Un soldat jeune, bouche ouverte, tête nue,   5
Et la nuque° baignant dans le frais cresson° bleu,   *nape of the neck / watercress*
Dort; il est étendu dans l'herbe, sous la nue°,   *under the clouds*
Pâle dans son lit vert où la lumière pleut.

Les pieds dans les glaïeuls°, il dort. Souriant comme   *gladioli (flower)*
Sourirait un enfant malade, il fait un somme°:   10   *takes a nap*
Nature, berce-le° chaudement: il a froid.   *rock him*

Les parfums ne font pas frissonner sa narine°;   *nostril*
Il dort dans le soleil, la main sur sa poitrine
Tranquille. Il a deux trous rouges au côté droit.

—Arthur Rimbaud, *Le Dormeur du val*, 1870

1. Qu'est-ce qui se passe dans le poème? Y a-t-il une histoire ou une progression des images, des émotions ou une progression d'un autre ordre?

_____

_____

2. Quel est le sujet principal du poème et quels en sont les thèmes[1]?

_____

_____

---
[1]Un thème est une idée importante, articulée ou évoquée dans un texte et renforcée à travers ce texte.

3. Quelle est votre réaction au poème?

_____

_____

4. Voyez-vous un rapport entre le contenu, le style ou le ton du poème et la vie (ou votre vie) actuelle?

_____

_____

5. Composez un titre alternatif pour le poème, basé sur votre propre réaction et interprétation.

_____

_____

6. Lisez le poème à voix haute. Y-a-t-il des changements de rythme? Quels sont les mots qui riment? Trouvez-vous de la musicalité ou de la dissonance dans certains groupements de mots du poème?

_____

_____

_____

Vocabulaire utile
Pour commenter la qualité d'un thème/d'une image

Un thème/Une image peut être...

original(e)	≠	traditionnel(le)
insolite		conventionnel(le)/classique
frappant(e)		banal(e)/prosaïque/insipide
métaphorique		littéral(e)
subtil(e)		évident(e)
novateur(-trice)		classique
simple		complexe
clair(e)		ambigu(ë)/polysémique/ambivalent(e)
vigoureux(-euse)		affecté(e)
inspiré(e)		vulgaire
créateur(-trice)		usé(e)

Pour commenter un texte

accentuer	mettre en valeur
être identifiable à	mettre l'accent sur
évoquer	présager
exposer	rappeler
exprimer	représenter
faire allusion à	s'agir de (il s'agit de)
faire appel à	signifier
faire penser à	souligner
fournir un exemple de	suggérer
invoquer	symboliser

 **Exercices**

A. Images.
Qualifiez les images et les thèmes suivants.

> Modèle   Le noir suggère la mort.
> *C'est une image banale, très conventionnelle et manquant d'originalité.*

1. Le soleil signifie la perte de tout espoir.

   _____

2. Une fleur suggère l'amour.

   _____

3. La couleur rouge évoque la passion.

   _____

4. La nuit symbolise le renouveau.

   _____

5. Le printemps représente l'exubérance.

   _____

6. L'hiver est identifiable à l'activité.

   _____

7. La nourriture fait penser à l'amitié.

   _____

B. Commentez.
Complétez chaque phrase en utilisant une des expressions verbales ci-dessous afin de commenter le poème *Le Dormeur du val.*

suggérer	*fournir un exemple de*	*faire appel à*
il s'agit de	*être identifiable à*	*évoquer*
rappeler	*symboliser*	*signifier*

> Modèle   Dans ce poème,... *il s'agit d'une dénonciation des horreurs de la guerre.*

1. Le soleil qui luit... _____

2. La répétition des mots «c'est un»... _____

3. La métaphore de la fleur... _____

4. La couleur rouge... _____

5. Au douzième vers, le poète... _____

6. La polysémie du mot «trou»... _____

Texte I
Jacques Prévert

—Familiale—

À propos de l'auteur

Poète le plus lu de la littérature française, Jacques Prévert est né en 1900 à Neuilly-sur-Seine. Écrivain prolifique, il est l'auteur de sketchs, de chansons, de livres pour enfants et de scénarios—y compris de celui du chef d'œuvre cinématographique Les Enfants du paradis *(1945). Son utilisation d'un langage familier et ses jeux de mots ont contribué à faire de Prévert un poète populaire. Prévert meurt en 1977 d'un cancer du poumon.*

La mère fait du tricot°   *knitting*
Le fils fait la guerre
Elle trouve ça tout naturel la mère
Et le père qu'est-ce qu'il fait le père?
Il fait des affaires
Sa femme fait du tricot
Son fils la guerre
Lui des affaires
Il trouve ça tout naturel le père
Et le fils et le fils
Qu'est-ce qu'il trouve le fils?
Il ne trouve rien absolument rien le fils
Le fils sa mère fait du tricot son père des affaires lui la guerre
Quand il aura fini la guerre
Il fera des affaires avec son père
La guerre continue la mère continue elle tricote
Le père continue il fait des affaires
Le fils est tué il ne continue plus
Le père et la mère vont au cimetière
Ils trouvent ça naturel le père et la mère
La vie continue la vie avec le tricot la guerre les affaires
Les affaires la guerre le tricot la guerre
Les affaires les affaires et les affaires
La vie avec le cimetière.

Jacques Prévert, *Paroles* © Éditions GALLIMARD; www.gallimard.fr

Réactions et compréhension

1. Quelle est votre réaction à ce poème? Qu'est-ce que vous appréciez le plus?

_____

_____

_____

_____

2. Quels sentiments ce poème suscite-t-il en vous? Pourquoi et comment?

_____

_____

_____

_____

3. Décrivez la structure du poème. Y a-t-il des rimes? un rythme régulier?

_____

_____

_____

_____

4. Quel est le thème dominant du poème? Comment le poète arrive-t-il à le transmettre?

_____

_____

_____

_____

5. Comment l'absence de ponctuation contribue-t-elle à la lecture du poème?

_____

_____

_____

_____

Maintenant, lisez l'analyse du poème. Référez-vous à la partie _Les actes de paroles_ aux pages 153–155 pour trouver l'explication des mots suivis d'un astérisque dans le texte. (N.B.: Votre lecture sera facilitée si vous vous familiarisez avec ces mots avant de faire la lecture de l'analyse.) En lisant, pensez s'il y a d'autres figures de style ou termes techniques des Actes de paroles que vous pouvez appliquer au poème de Prévert.

Texte II
—Commentaire composé du poème
Familiale—

1   Jacques Prévert vit dans un monde en conflit. Adolescent pendant la Première
    Guerre mondiale, il protège ensuite deux amis juifs pendant la Deuxième Guerre
    mondiale, se réfugiant à Nice sous l'Occupation. Surréaliste et anarchiste,
    Prévert préfère le nom d'«artisan des mots». Le premier livre publié en son
    nom, *Paroles*, sorti en 1946, rassemble une centaine de ses écrits. *Familiale*, poème   5
    narratif en vers* irréguliers, en fait partie. Il s'agit d'un texte satirique qui met
    en question le caractère «naturel» des guerres sans fin. Dans ce commentaire
    composé, nous nous pencherons sur trois axes de lecture. D'abord, nous
    étudierons le portrait de la famille, symbole de l'ordre politique. Ensuite, nous
    examinerons le traitement textuel de la guerre, actrice omniprésente de cette   10
    comédie tragique. Enfin, nous analyserons les techniques poétiques utilisées par
    l'auteur pour transmettre son message engagé.

2   Le premier thème du poème s'annonce dans le titre-même, *Familiale*,
    adjectif qui fait référence à la famille. C'est une image de l'intimité, du calme,
    un endroit où l'on devrait être à l'abri du danger. Mais la famille nucléaire   15
    décrite par le poète n'est qu'une caricature du système politique. Ce tableau
    du bonheur se poursuit au premier vers où l'on rencontre la mère, symbole des
    familles nucléaires françaises. La mère tricote ou fournit aux besoins de son
    foyer, voire de sa patrie. Cette activité humble et honnête est révélatrice d'un
    esprit travailleur et dévoué. L'emploi du présent indique la nature continue de   20
    son travail.

3   Le fils, héritier traditionnel, arrive au deuxième vers. C'est le fils,
    symbole des jeunes Français, qui devrait assurer, à travers sa progéniture,
    l'immortalité terrestre du clan. Dans un langage neutre et avec une structure
    grammaticale qui imite la description de la mère, le poète signale que le fils   25
    participe à la guerre. Le fils «fait la guerre» (v. 2), annonce Prévert, comme
    on fait les devoirs. Comme pour la mère, avec son tricot, le temps présent du
    verbe suggère que le fils fait la guerre d'une manière ininterrompue. Cette
    juxtaposition inattendue—le tricot et la guerre—présage le malheur.

4   Prévert présente ensuite le père, troisième et dernier membre de la   30
    tribu, au vers 4. Interrompant son récit avec une question rhétorique, le poète
    s'enquiert auprès du lecteur au sujet de l'occupation de cet homme: «Et le père
    qu'est-ce qu'il fait le père?». Cette interrogation, absente dans les introductions
    précédentes, met l'accent sur cette vocation et soulève la question de la nature,
    honnête ou non, des activités du père. Le poète répond à sa propre question   35
    au vers suivant. Le père, symbole des pouvoirs gouvernementaux, «fait des
    affaires» (v. 5).

5   Ces «affaires» dominent la vie du foyer. Cette activité apparaît dix fois
    dans les vingt-quatre vers concis du poème. Même le fils compte pouvoir y
    participer à l'avenir (v. 15). Cette répétition par le poète insiste sur le poids de   40
    cet affairisme suspect sur la vie de la famille.

6   Ces trois personnages types témoignent d'une absence de réflexion ou
de pensées. Ils ressemblent presque à des robots. Tandis que le poète-narrateur
pose des questions, les protagonistes restent muets. La mère «trouve tout
naturel» son travail et l'activité guerrière de son fils (v. 3), ne considérant   45
jamais le bien-être de son garçon. Similairement, le père «trouve tout naturel»
les occupations de sa famille (v. 9). Peut-être a-t-il aussi fait la guerre avant
de se lancer dans les affaires, comme le suggère le vers 14. Même les visites
au cimetière, suite à la mort du fils, sont jugées comme «naturelles» par ces
marionnettes (v. 20).   50

7   Le fils est le seul à ne pas exprimer d'opinion sur ses activités: «Et le fils
et le fils/Qu'est-ce qu'il trouve le fils?» (v. 10–11). La répétition traduit—même
sans point d'exclamation—l'inquiétude du poète. Prévert répond encore une
fois à sa propre question: «Il ne trouve rien absolument rien le fils» (v. 12).
Cette réplique ambiguë permet des hypothèses variées. Une interprétation est   55
qu'il ne «trouve rien»—ne *dit* rien—pour ne pas révéler l'horreur des champs
de bataille. Une autre explication serait d'interpréter ce constat comme un
euphémisme qui suggère des atrocités. Prévert nous laisse libres de trouver
notre propre réponse.

8   *Familiale* met en évidence le caractère omniprésent de la guerre, deuxième   60
axe thématique du poème. La guerre ne semble gêner personne. «Sa mère fait
du tricot son père des affaires lui la guerre» (v. 13). Pour les parents, il est «tout
naturel» de faire la guerre de façon continue (v. 3, 9). Comme quelque chose
à l'arrière-plan d'un tableau ou comme les percussions dans un orchestre, la
guerre est un élément inévitable de la vie. Sa répétition perpétuelle la rend   65
ordinaire.

9   De même pour la mort. Mais contrairement à la mort naturelle des
personnes âgées—les parents d'abord, suivis par les enfants—le poème de
Prévert mentionne seulement la perte du fils. Sa mort, loin d'être commémorée
ou solennisée, est décrite comme une banalité quelconque, du même ordre que   70
le tricot: «Le fils est tué il ne continue plus» (v. 18). Il n'y a pas de larmes, pas
de sanglots, même pas de pauses narratives respectueuses. Au contraire, «la vie
continue […] avec le tricot la guerre les affaires» (v. 21). Le seul changement est
la nouvelle visite régulière au cimetière, jugée «toute naturelle» par les parents,
comme tout le reste (v. 19–20). La narration de Prévert, qui se clôt sur l'image de   75
perte perpétuelle («La vie avec le cimetière», v.24), révèle son opinion envers la
guerre.

10   Prévert exploite de nombreuses figures de style pour éveiller l'intérêt
de ses lecteurs. Il s'agit d'un récit court construit sur une base de vers libres
et irréguliers. Ce choix stylistique traduit une notion de liberté, comme le   80
fait l'absence de ponctuation (presque complète). Les questions rhétoriques
interpellent le lecteur. Le lexique familial et la syntaxe simple évoquent un conte
de fées, forme didactique destinée aux enfants. C'est à travers ce langage simple,
sans subordinations grammaticales compliquées, que Prévert diffuse ses leçons.

11   Contrairement à la majorité des poètes engagés, Prévert n'est pas   85
impliqué personnellement dans son récit. À part les deux questions
rhétoriques, exigeant l'engagement des lecteurs, il raconte à la troisième
personne omnisciente. Cette histoire satirique tourne en ridicule la bêtise
humaine: l'acceptation comme «naturelle» de la perte des enfants, la vie avec
le cimetière…. Dans ce sens, *Familiale* ressemble à un conte philosophique,   90
comme *Candide* de Voltaire.

12   Comme nous l'avons vu précédemment, ce récit emploie beaucoup de répétitions pour renforcer l'idée de banalité et d'habitude. Six fois, une variation de «la mère fait du tricot» apparaît (v. 1, 6, 13, 16, 21, 22); huit fois, la guerre est mentionnée (v. 2, 7, 13, 14, 16, 21, 22); et dix fois, il est question d'affaires (v. 5, 8, 13, 15, 17, 21, 22, 23). Le poète mentionne la mère six fois (v. 1, 3, 13, 16, 19, 20) et 95 nomme le père et le fils huit fois chacun (v. 4, 9, 13, 15, 17, 19, 20 et v. 2, 7, 10, 11, 12, 13, 18, respectivement). Cette accumulation d'éléments ordinaires de la vie les trivialise. Le tricot équivaut à la guerre, et la guerre équivaut aux affaires; le père et la mère «continuent» mais le fils ne «continue» pas. Prévert se sert de cette technique de façon répétée pour souligner la nature absurde de la vie. 100

13   La structure parallèle des premiers vers («La mère fait du tricot/Le fils fait la guerre» [v. 1–2]) contraste avec la structure différente au vers suivant. «Elle trouve ça tout naturel la mère» (v. 3). Ce langage clair et net ne s'accorde pas avec les conclusions de la mère. Comment *une mère* peut-elle trouver l'engagement de *son fils* dans la guerre «naturel»? L'antiphrase du poète 105 annonce le traitement satirique du sujet. Le poète utilise aussi l'absence de structure parallèle pour signaler le mal à venir. Tandis qu'«Elle trouve ça tout naturel la mère» (v. 3) et qu'«Il trouve ça tout naturel le père» (v. 9), le fils n'est pas du même avis. «Il ne trouve rien absolument rien le fils» (v. 12).

14   *Familiale* emploie des rimes irrégulières pour renforcer ces thèmes 110 importants. En faisant rimer «guerre» (v. 2, 7, 13, 14, 22), «mère» (v. 3, 20), «père» (v. 4, 9, 15), «affaires» (v. 5, 8, 17, 21, 23) et «cimetière» (v. 19, 24), le poète fait sentir leur influence envahissante. Tous semblent mener à la perte du fils. De manière inverse, les vers qui n'ont pas de rimes contribuent aussi au message du poème, suggérant le malheur. Rien ne rime* avec «fils» (v. 10, 11, 12) ni avec «plus» (v. 18). 115

15   Poète symboliste, Prévert se sert d'images connues chargées de sens secondaire. La mère, comme nous l'avons vu, symbolise le foyer; le fils, l'innocence; le père, l'ordre sociétal. Le cimetière est un lieu associé à la mort et au deuil. Prévert réussit à guider le lecteur d'une figure créatrice, au premier vers, à la tombe de son enfant, au dernier vers. Et cette visite ne sera pas 120 unique. Au contraire, le cimetière jouera dorénavant un rôle central dans la vie du couple: «La vie avec le cimetière» (v. 24).

16   Poème engagé, *Familiale* dépeint l'absurdité d'une telle vie. Prévert met en scène une société mécanique, insensible aux atrocités des guerres sans fin. Ce court poème narratif porte un jugement virulent contre la violence et contre les 125 citoyens et les gouvernements qui acceptent ces guerres comme «naturelles». Ainsi, Prévert démontre comment son genre poétique—a priori simple—peut se montrer conséquent. Déjà reconnu comme un grand poète et scénariste, Prévert, avec ce poème, montre aussi qu'il mérite d'être considéré comme un satiriste avisé. 130

Réactions et compréhension

1. Quelle est votre réaction face à ce genre d'analyse? Vous aide-t-elle à mieux comprendre le sens du texte? Expliquez.

2. Trouvez la partie du commentaire composé qui sert de *balise*, c'est-à-dire, qui annonce les thèmes dominants qui seront analysés. Identifiez ces thèmes.

_____

_____

_____

3. Qu'est-ce que les membres de la famille symbolisent dans le poème? Et au niveau extratextuel? Commentez le symbolisme du poème.

_____

_____

_____

4. Décrivez l'effet de l'absence de ponctuation sur la lecture du poème. D'après ce commentaire composé, quelle signification ce choix artistique confère-t-il?

_____

_____

_____

5. À quoi les questions rhétoriques dans le poème et dans le commentaire servent-elles? Comment mettent-elles en relief les thèmes du poème?

_____

_____

_____

6. Quelles caractéristiques du poème rappellent le conte de fées, destiné aux enfants? Qu'est-ce qui différencie le poème de Prévert de ce genre littéraire?

_____

_____

_____

7. En quoi les personnages du poème ressemblent-ils à des *types*, c'est-à-dire à des gens dotés de traits caractéristiques associés à un genre particulier de personnes? Comment Prévert exploite-t-il l'absence de développement psychologique pour renforcer ses thèmes?

_____

_____

8. Quelles techniques poétiques Prévert utilise-t-il dans son poème? Lesquelles trouvez-vous les plus efficaces ou percutantes?

_____

_____

9. D'après cette analyse, pourquoi peut-on considérer *Familiale* comme un poème engagé?

_____

_____

Résumé et réflexions

De quoi s'agit-il dans ce poème, selon le commentaire composé? Faites-en un résumé de deux à trois phrases. Trouvez-vous que ce genre d'analyse soit trop technique et formaliste, rendant plus difficile l'appréciation de la beauté du poème? Expliquez.

Analyse structurelle

1. Un commentaire composé consiste en trois parties: l'introduction, le commentaire et la conclusion. *L'introduction* sert à présenter et situer le texte qui sera analysé, à présenter et articuler une problématique centrale et à annoncer le plan du travail.

   a. Quelle partie du premier paragraphe présente et situe le poème *Familiale*?

   _____

   b. Quelle partie du premier paragraphe articule la problématique?

   _____

   c. Quelle partie du premier paragraphe annonce le plan du travail?

   _____

2. Le commentaire, la deuxième partie du travail, présente deux à quatre idées ou axes de lecture choisis lors d'une analyse de la forme et du fond du texte à travers une lecture linéaire, chronologique et détaillée.

   a. Quels sont les axes de lecture ou idées qu'on traite dans ce commentaire?

   _____

   _____

   b. Comment cette partie du travail est-elle organisée?

   _____

   _____

3. La conclusion, ou troisième partie d'un commentaire composé, répond aux questions posées dans l'introduction ou aux questions relevées par la problématique annoncée dans l'introduction. Il se peut qu'elle propose aussi d'autres sujets à approfondir comme (1) le reste de l'œuvre de l'auteur, (2) le genre littéraire, (3) le registre dominant ou (4) le topos ou problème littéraire tel qu'il peut exister ailleurs.

   a. Quelles phrases de la conclusion répondent aux questions posées dans l'introduction?

   _____

   _____

b. Comment reprend-elle les idées développées au cours de l'analyse?

_____

c. Lequel des sujets ci-dessus cette conclusion propose-t-elle d'approfondir?

_____

Analyse stylistique

1. Dans votre commentaire, vous analyserez la forme et la signification d'un poème ou d'une chanson en utilisant un style varié et nuancé. En relisant l'analyse aux pages 147–149, repérez les expressions utilisées pour:

Esquisser la structure du poème	Citer les démarches du poète	Faire valoir la signification des images

2. Quelle fonction correspond aux expressions ci-dessous?

Expression

1. Il s'agit de…
2. Nous nous pencherons…
3. La répétition traduit… l'inquiétude…
4. La narration de Prévert… révèle son jugement…
5. Comme l'arrière-plan d'un tableau…
6. Contrairement à la majorité des poèmes engagés…

Fonction

a. annonce les différents thèmes abordés dans le commentaire composé
b. fait une comparaison
c. prend note du caractère unique de l'œuvre
d. indique un raisonnement
e. établit de quoi il est question
f. présente une interprétation poétique

3. Commentez l'emploi du verbe pronominal dans les phrases suivantes. Quelles formules «plates» sont ainsi évitées? En quoi cet emploi rend-il le texte plus intéressant pour le lecteur?

Le premier thème du poème _s'annonce_…

Ce tableau du bonheur _se poursuit_ au premier vers…

La narration de Prévert, qui _se clôt_ sur l'image de perte perpétuelle…

_____

_____

_____

4. Trouvez la comparaison au premier paragraphe. En quoi contribue-t-elle au développement de l'analyse? Qu'est-ce que l'allusion à ce genre littéraire dénote?

5. «Dénotation» est le sens littéral d'un mot, sa définition. Une guerre, par exemple, est un conflit entre nations qui résulte souvent en batailles armées. «Connotation», par contre, se réfère à tout ce qui est signifié par un mot. La guerre, par exemple, peut conjurer non seulement de la violence mais de la tristesse et du sang. Quelles connotations sont énumérées aux deuxième et troisième paragraphes? Quels autres mots associez-vous avec «famille», «mère» et «fils»?

6. Analysez le quatrième paragraphe sur le plan syntaxique. Dégagez les structures grammaticales utilisées pour éviter la phrase banale sujet-verbe-complément. Identifiez les emplois de l'apposition d'un adjectif, d'un nom et d'un participe présent.

Les actes de parole

Pour analyser la poésie

Ces termes techniques vous aideront à parler de la forme d'un poème.

une allitération	répétition de consonnes. Elle crée une unité sonore: *Le peuplier se ploie... pareil au corps.*
une antiphrase	figure de style qui emploie un mot ou une phrase dans un sens contraire à sa véritable signification afin de créer un effet d'ironie ou de dénoncer quelque chose: *Rien n'était si beau, si leste, si brillant, si bien ordonné que les deux armées... Les canons formaient une harmonie telle qu'il n'y en eut jamais en enfer.* [Voltaire, *Candide*]
une assonance	répétition de voyelles. Elle crée une unité sonore: *Dans l'azur de l'avril, dans le gris de l'automne...*
une comparaison	rapproche deux éléments à l'aide d'un terme comparatif (comme, ressembler à, pareil à): *Souriant comme/Sourirait un enfant malade, il fait un somme.* [Rimbaud, *Le Dormeur du val*]
un double sens	jeu de mots dans lequel une expression peut être comprise de deux manières: *comme deux chiens de la même portée [...] uniquement fidèles à leur maître/à leur maîtresse* [Prévert, *Les Ombres*]

une hyperbole	exagération dans l'expression d'une idée. Cette technique sert à mettre en relief un mot clé. *Je meurs de soif* est une hyperbole qui veut dire *J'ai très soif.*
une métaphore	figure de style qui compare deux choses sans utiliser un outil (mot) de comparaison tel que *avoir l'air, comme, semblable à, tel, etc.*: *Mon amour est une rose.*
une métonymie	désigne un concept par l'intermédiaire d'un autre avec lequel il entretient un lien logique. Le lien peut être de plusieurs ordres: la cause pour l'effet, le contenant pour le contenu, l'artiste pour l'œuvre, etc.: *Allons prendre un verre!*
un refrain	un vers ou une phrase qui se répète à intervalles réguliers dans un poème
une rime	répétition d'un même son à la fin de deux ou plusieurs vers. Elle permet de mettre en relation les vers et de souligner le rythme. Les rimes sont faites pour l'oreille, non pas pour l'œil. Dans une **rime pauvre,** une seule voyelle se répète *(mot/tôt)*—on entend «o»; une **rime suffisante** a deux éléments en commun (voyelle ou élément vocalique et consonne; *peines/veines)*—on entend «è-ne»; une **rime riche** a trois éléments en commun *(éperdus/ardus)*—on entend «r-d-u». Les rimes sont disposées en schémas particuliers: on distingue les **rimes plates** (AABB, *couteau/bourreau/joue/roue)*; les **rimes embrassées** (ABBA, *couteau/joue/roue/bourreau)*; les **rimes croisées** (ABAB, *couteau/joue/bourreau/roue).* La **rime féminine** se termine en un **e** muet, donc non prononcé *(joue/roue);* la **rime masculine** se termine en une voyelle accentuée *(couteau/bourreau).*
le rythme	rapport régulier, perceptible par l'oreille, entre la répartition des accents dans un énoncé et le nombre de syllabes séparant ces accents. Un mot français porte un accent tonique sur la dernière syllabe ou sur l'avant-dernière si la dernière est un **e** muet (par ex., *amoureux, tristesse).*
une strophe	ensemble de vers, séparé d'autres ensembles de vers par un espace blanc. Une strophe a une cohérence interne: les vers riment ensemble, ont un rythme particulier. On distingue, entre autres, **le tercet** (trois vers), **le quatrain** (quatre vers) et **le quintil** (cinq vers).
une synecdoque	figure de style (une métonymie particulière) qui accorde à un mot un sens plus large ou plus restreint qu'il en a d'habitude. La partie pour le tout, par exemple: *Un troupeau de vingt-cinq têtes.* Le mot *têtes* désigne ici *animaux.*

un vers en poésie, le vers se distingue par un retour à la ligne et il commence en général par une majuscule. C'est avant tout un énoncé au rythme identifiable. **Un octosyllabe** est un vers de huit syllabes; **un décasyllabe** est un vers de dix syllabes. N.B.: Le **e** muet à la fin d'un mot est compté seulement quand il est suivi d'un mot qui commence par une consonne. Le **e** muet n'est jamais compté à la fin d'un vers.

Exercice

Identifiez.

Analysez la structure et la versification du *Dormeur du val* à la page 142.

1. Combien de strophes y a-t-il? _____

2. Combien de vers y a-t-il dans chaque strophe? _____

3. Y a-t-il un refrain? _____

4. Quelle est la disposition et la qualité des rimes? Le début et la fin des phrases sont-ils toujours au début ou à la fin des vers? Quels sont les effets de ces décalages?

   _____

   _____

   _____

5. Quel est le sujet du poème?

   _____

   _____

6. Quels en sont les thèmes?

   _____

   _____

7. Quelles images reviennent?

   _____

   _____

8. Quelles techniques poétiques—à travers le poème entier—servent à renforcer le sujet du poème?

   _____

   _____

   _____

9. Par quelles techniques les thèmes sont-ils exprimés?

_____

_____

_____

Une riche gamme d'expressions vous permettra de nuancer votre analyse et d'éviter l'emploi des mêmes verbes pour éclaircir le sens du passage.

Pour varier le langage analytique

De quoi le poète traite-t-il dans ce poème?   Qu'est-ce que cette image... | veut dire?
De quoi s'agit-il dans ce poème? | montre?

À quoi ce symbole se réfère-t-il?

L'auteur...	exploite		le thème de la guerre.	
	développe		plusieurs centres d'intérêt.	
Une...	image	peut	dépeindre	
	figure de style		être révélatrice d'	
			refléter	un sentiment.
			révéler	une pensée.
			traduire	une émotion.
			trahir	
Le poète...	répète		un mot.	
Le poète...	associe		un terme à un autre terme.	
	compare			
Le poète...	fait allusion à		un événement.	
Le narrateur...	utilise des		symboles.	
	se sert de (d')		métaphores.	
			comparaisons.	
			allusions.	
			associations.	
			répétitions.	
			précisions.	
Le poète...	crée des		oppositions.	
			contradictions.	
Le poète...	met l'accent sur			
	insiste sur			
	confère un nouveau sens à			
	reprend/aborde/réutilise le thème (le sujet, la question) de		la défense de la liberté.	
	revient au thème (au sujet, à la question) de			
	précise l'importance de			
Il adresse...	la parole		au protagoniste.	
	une critique		à cette personne.	

Exercice

Synonymes.
Trouvez un synonyme pour les expressions en italique.

1. Dans ce poème, *il est question* du passage du temps.

    _____

2. La cloche *fait écho* aux cœurs qui battent.

    _____

3. Le cœur *symbolise* le siège des émotions.

    _____

4. Ce vers *trahit* la pensée du poète.

    _____

5. *Quel est le sens de* cette figure?

    _____

6. Le poète *se sert de* beaucoup d'images.

    _____

7. En répétant plusieurs fois ce mot, le poète *insiste sur* l'incertitude de ses sentiments.

    _____

8. En utilisant ces termes contraires, le poète crée *des contradictions*.

    _____

Atelier d'écriture II

Ébauchez votre introduction:

1. Relisez plusieurs fois le poème ou la chanson, en prenant des notes et en cherchant tous les mots inconnus dans un dictionnaire unilingue. Cette lecture fera ressortir les traits saillants du texte: son genre, certaines qualités uniques au texte, son ton, les points principaux et secondaires et votre réaction initiale au texte.

2. Identifiez la structure du poème: le rythme, la rime, la structure des vers. Vous signalerez également s'il s'agit d'une forme fixe (le sonnet, par exemple).

   • La signification de chaque mot est-elle claire? Y a-t-il des allusions, des jeux de mots, des ambiguïtés, des mots à double sens?

   • Le vocabulaire est-il concret ou abstrait?

   • Y a-t-il des mots qui prédominent (substantifs, verbes, adjectifs, adverbes, etc.)? certains types de mots qui manquent?

   • Les temps sont-ils réguliers dans leur emploi? Y a-t-il des emplois inhabituels?

   • La syntaxe est-elle régulière?

   • Y a-t-il des voyelles ou des consonnes qui se répètent (assonances ou allitérations)?

   • Le rythme est-il lent? rapide? saccadé?

   • Dans quelle mesure les sons enrichissent-ils le sens du poème? son ton?

   • Les images sont-elles originales? banales? Le poète fait-il appel à certains sens (la vue, l'odorat, l'ouïe, le toucher)? Y a-t-il des comparaisons, des métaphores?

   • Qui parle dans le poème? Quel point de vue est exprimé?

Ébauchez votre commentaire:

Identifiez deux à trois idées qui seront éventuellement développées dans votre commentaire. Ces axes de lecture traiteront des éléments discursifs importants, des champs sémantiques saillants, d'un ensemble d'images frappantes, etc.

La stylistique

Les questions rhétoriques

Considérez la question suivante, tirée du commentaire composé:

Comment *une mère* peut-elle trouver l'engagement de *son fils* dans la guerre «naturel»?

Pensez-vous que l'auteur attende une réponse de la part du lecteur? En fait, la réponse est déjà connue, étant donné l'interprétation globale proposée par le narrateur. Il s'agit d'une question rhétorique (ou question oratoire). Cette figure de style sert à varier la syntaxe en établissant une complicité entre le narrateur et le lecteur.

On peut formuler des questions rhétoriques en utilisant des formules telles que: Comment...? N'est-il pas vrai que...? Qui peut (pourrait/oserait) se prononcer pour/contre...? Peut-on vraisemblablement formuler une objection à...? Les Français ni-eraient-ils ces preuves évidentes?

De telles questions peuvent se poser aussi en utilisant les structures interrogatives propres au langage littéraire: Comment croire que...? Selon cet argument, ne risque-t-on pas de se tromper?

Exercice

Encore des questions.

En petits groupes, proposez au moins deux passages dans le commentaire composé où on pourrait introduire une question rhétorique. Formulez une telle question en faisant attention au contexte: en raison des arguments précédemment évoqués, la réponse à cette question doit être déjà connue du lecteur.

_____

_____

_____

Entraînez-vous!

Voici un commentaire composé d'un autre poème de Prévert. Analysez-le en faisant attention à l'organisation du texte et au choix de vocabulaire. Comment ce commentaire composé vous aide-t-il à mieux apprécier le poème?

Les Ombres°   *Shadows*

Tu es là
en face de moi
dans la lumière de l'amour
Et moi
je suis là   5
en face de toi
avec la musique du bonheur
Mais ton ombre
sur le mur
guette° tous les instants   10   *watches*
de mes jours
et mon ombre à moi
fait de même
épiant° ta liberté   *spying*
Et pourtant je t'aime   15
et tu m'aimes
comme on aime le jour et la vie ou l'été
Mais comme les heures qui se suivent
et ne sonnent jamais ensemble
nos deux ombres se poursuivent°   20   *pursue, hound each*
comme deux chiens de la même portée°   *other*
détachés de la même chaîne   *litter*
mais hostiles tous deux à l'amour
uniquement fidèles à leur maître

à leur maîtresse   25
et qui attendent patiemment
mais tremblants de détresse
la séparation des amants
qui attendent
que notre vie s'achève°   30   *come to an end*
et notre amour
et que nos os leur soient jetés
pour s'en saisir
et les cacher et les enfouir°   *bury*
et s'enfouir° en même temps   35   *burrow*
sous les cendres du désir
dans les débris du temps.

Jacques Prévert, *Histoires* © Éditions GALLIMARD; www.gallimard.fr

—*Les Ombres*, ou l'état précaire entre la vie et la mort—

1   *Les Ombres*, poème de Jacques Prévert, révèle les influences surréalistes et
symbolistes de son art. Les trente-sept vers de longueur irrégulière sont divisés
en deux strophes inégales. Le récit d'amour s'organise en trois mouvements.
S'ouvrant sur le couple amoureux, le poème relate sa chute malheureuse et
expose en détail sa fin en cendres. Dans le commentaire composé qui suit, nous   5
nous pencherons sur trois axes de lecture. D'abord, nous examinerons le thème
de l'amour passionné hanté par des infidélités. Ensuite, nous étudierons le
rôle du temps qui mène de manière funeste à la mort. Enfin, nous explorerons
l'imagerie corporelle employée par le poète pour traduire la fragilité de
l'existence.   10

2   Le poète est impliqué dès le premier vers du poème. Il s'adresse à sa bien-
aimée à la deuxième personne du singulier. Sa présence physique «en face»
(v. 2) du poète établit le rapport intime entre les amants. C'est un lien
réciproque, comme le suggère à la fois la structure parallèle et la posture
identique des deux êtres. Le poète célèbre l'extase amoureuse avec des vers   15
lyriques. «Tu es […] dans la lumière de l'amour» (v. 1, 3). La lumière évoque
la flamme, la passion, l'ardeur. Dans les vers «Je suis […] avec la musique du
bonheur» (v. 5, 7), la musique, qui donne un sens de l'harmonie, rappelle aussi
les chansons d'amour recitées par les troubadours d'antan.

3   La conjonction «mais» marque le premier présage d'ennui. La scène   20
initiale s'éclipse à l'arrivée des ombres suspectes. «Mais ton ombre/sur le
mur/guette tous les instants/de mes jours/et mon ombre à moi/fait de
même/épiant ta liberté» (v. 8–14). Les ombres, créées par l'absence de lumière,
connotent ce qui est couvert, voilé et ombreux. Le choix des verbes confirme
cette notion de méfiance. «Guetter» implique la surveillance en cachette et   25
«épier»—dérivé du mot «espion»—traduit le sentiment de trahison. Cette
suspicion mutuelle reste un aspect intrinsèque du couple.

4   La notion de liberté, manifestée textuellement dans l'absence de ponctuation, est ici mise en avant. En épiant la liberté de son amante, le poète va trop loin. Même l'insistance sur les sentiments mutuels ardents («Et pourtant ³⁰ je t'aime/et tu m'aimes» [v. 15–16]), effort—avec la conjonction «et»—afin de réconcilier passion et suspicion, ne peut les sauver. Leur destin ne peut être que la ruine.

5   Le rythme du poème contribue au sentiment de malaise. Des vers courts impairs, suivis par la pause obligatoire à la fin du vers, créent un sens insolite. ³⁵ Ce rythme heurté et irrégulier reflète le statut incertain, le va-et-vient du couple: «Mais ton ombre/sur le mur» [...] «et mon ombre à moi» [...] «épiant ta liberté» (v. 8–9, 12, 14). On dirait que le poète hésite.

6   Prévert se sert alors de trois comparaisons—de plus en plus dégradées— pour décrire le couple. Ils s'aiment d'abord «comme on aime le jour et la vie ou ⁴⁰ l'été» (v. 17). Ce sont des périodes transitoires. Cette image instable et fugace conduit inévitablement à l'automne de leur amour. La conjonction «mais» (v. 18) annonce la fin de l'unité voulue. Plus jamais il ne sera question de «tu» et de «moi». On entre irrévocablement dans le monde des chimères. Une deuxième comparaison appose non pas «je» et «tu», mais ce qu'ils sont ⁴⁵ devenus: les spectres du couple. Le poète ne parle plus de comment ils s'aiment mais de comment ils «se poursuivent» (v. 18–20), verbe qui signifie «persécuter» ou «tourmenter».

7   Le poète commence la deuxième strophe en comparant ces ombres à deux chiens (v. 21). Cet animal chargé de connotations peut signifier une personne ⁵⁰ rude ou sévère, avare et déloyale. Le chien est aussi un symbole mythologique associé au monde des morts, anticipation du deuxième axe thématique du poème. Le poète explique que ces chiens, provenant de la même portée (v. 21), sont semblables, «hostiles tous deux à l'amour/uniquement fidèles à leur maître/à leur maîtresse» (v. 23–25). Le double sens du mot «maîtresse», forme ⁵⁵ féminine de «maître» qui veut dire «propriétaire d'un animal» *et* «femme dont l'amant est marié», élucide enfin les suspicions initiales. Ce sont des ombres infidèles en amour.

8   Le temps joue un rôle important dans ce drame des amants. En cinq petits vers «la lumière de l'amour» (v. 3) cède le passage aux ombres sinistres (v.8, 12). ⁶⁰ La brièveté de l'amour, comme celle du jour, de l'été et de la vie (v. 17), est ici mise en évidence. Le poète le constate à regret: «Mais comme les heures qui se suivent/et ne sonnent jamais ensemble/nos deux ombres se poursuivent» (v. 18–20). La rime riche («suivent» et «poursuivent») souligne le mouvement hâtif. On les imagine courir l'une après l'autre dans un couloir circulaire ⁶⁵ infini. Personne ne s'arrêtant pour se laisser rattraper, les ombres aériennes continuent, comme le temps fugitif qui ne peut qu'avancer de manière continue.

9   Le temps est aussi impliqué dans les rapports extraconjugaux. Les amants aspirants «attendent patiemment/mais tremblants de détresse/la séparation ⁷⁰ des amants» originels (v. 26–28). Attendre implique du temps qui passe. Le poète fait sentir l'incertitude du futur, l'inquiétude angoissante de ce qui sera ou ne sera pas. La rime riche créée par les mots «maîtresse» (v. 25) et «détresse» (v. 27) ne fait que renforcer la raison du trouble. Ils «attendent/que notre vie s'achève/et notre amour» (v. 29–31). Le temps qui s'écoule mène, de manière ⁷⁵ ultime, à la mort—la fin de la vie, d'abord, et finalement la mort de l'amour.

10   Prévert poursuit ce thème de la mort en insistant sur sa nature cruelle et arbitraire. Les heures qui se sont suivies (v. 18) n'ont abouti à rien. Les maîtres et maîtresses attendaient et attendaient en vain. À la fin, rien ne reste, sauf des morceaux brisés, «les débris du temps» (v. 37).   80

11   Ce poème exploite une imagerie corporelle destinée à traduire la fragilité de la vie et de l'amour, dernier axe thématique. Ceci s'incarne dans le titre-même du poème. Une ombre suggère, au sens figuré, une personne qui a perdu les qualités qui faisaient sa force, son éclat. Ce sont des ombres, fantômes silencieux, qui se trouvent à l'affiche du poème. «Je» et «tu» ne sont là que   85 brièvement. Leur présence physique s'en va dès le septième vers. La possibilité qu'ont les amants de se toucher, de se regarder face à face est partie avec eux. Ils sont vite remplacés par les vedettes de l'œuvre (v. 8, 12), les silhouettes qui ne vivent que dans le clair-obscur. Intangibles comme le sont les saisons transitoires qu'ils chérissent (v. 17), ces spectres se poursuivent (v. 20)—sans   90 jamais s'atteindre—jusqu'à ce qu'ils meurent (v. 30). Les os et les cendres sont tout ce qui reste des vivants (v. 32, 36). Même les maîtres et maîtresses du cœur, dotés de corps physiques au début de la strophe, s'effacent sous la plume du poète. Après avoir caché et enfoui les os des amoureux, ils s'enfouissent «en même temps/sous les cendres du désir» (v. 35–36). C'est un incendie destructif 95 qui met fin à tout.

12   *Les Ombres* met en scène des thèmes chers à Prévert—tels les difficultés de la vie intime, l'absurdité de la mort et le caractère fragile de la vie. Mais lorsqu'on considère ces motifs de manière générale, ne sont-ils pas des caractéristiques emblématiques de la condition humaine? On attribue souvent   100 la popularité de ce poète à son langage familier et accessible. Devrait-on aussi l'assigner en partie à sa capacité de capturer si vivement cette expérience commune? Ce n'est pas qu'un lexique quotidien et un rythme saccadé qui inspirerait des compositeurs multiples à mettre ses poèmes en musique.

Atelier d'écriture III

Ébauchez votre conclusion:

1. Répondez aux questions relevées par la problématique annoncée dans l'introduction.
2. Proposez d'autres questions à approfondir.

   Maintenant, regroupez vos remarques en paragraphes cohérents en vous servant des mots de transition et des expressions présentées dans *Les actes de parole*. Ensuite, sans en abuser, formulez une ou deux questions rhétoriques pour enrichir votre expression.

Retouches

1. **Rappel:** N'oubliez pas le plan global du commentaire composé:

* *Introduction*

   1. Présenter et situer le texte (auteur, date, nom du recueil, importance dans l'œuvre, etc).
   2. Présenter et articuler la problématique centrale.
   3. Annoncer le plan.

• *Le commentaire*

Formulez deux à trois paragraphes organisés des axes de lecture, dans lesquels vous approfondirez votre analyse. Ne perdez jamais de vue les axes de lecture que vous avez identifiés dans l'Atelier II. Les détails relevés ici devront se rapporter à ce thème, à sa manifestation, à son développement, à sa modification. Attention: Cette étape ne représente pas une paraphrase! Il s'agit plutôt de dégager la façon dont l'auteur exprime ses pensées et ses sentiments en utilisant les outils structuraux disponibles. Ajoutez des sous-titres pour orienter l'attention du lecteur/de la lectrice.

• *Conclusion*

Faites la synthèse de votre analyse. Vous ne rajouterez rien de nouveau: il s'agit d'une récapitulation des thèmes et des techniques de l'auteur, en vue de montrer comment votre commentaire a contribué à une meilleure appréciation du passage, de sa signification et de son art. Comment votre analyse suggère-t-elle des points à raffiner ou à élaborer?

2. N'oubliez pas de vérifier les éléments suivants:
   • l'orthographe et les accents
   • tous les temps verbaux et les accords (article–nom; sujet–verbe; adjectif–nom)
   • toutes les conjugaisons
   • l'expression du but (parce que, pour que, afin que, de peur que, de sorte que, dans l'intention de, etc.) et l'expression de l'opposition (alors que, tandis que, si, même si, bien que, quoique, à moins que, etc.).

Dictionnaire personnel. De quels nouveaux mots vous êtes-vous servi(e) pour écrire votre commentaire? Ajoutez-les à votre dictionnaire personnel.

Révision en groupes. Commentez et corrigez le commentaire d'un(e) autre étudiant(e) ou d'autres étudiant(e)s selon le système proposé par votre professeur.

Version finale. Rédigez la version finale de votre commentaire en prenant en compte les commentaires suggérés par les étudiant(e)s et/ou ceux du professeur.

Écriture libre

Un pastiche est une imitation (parfois parodique ou ludique) d'un texte ou d'une image qui reste fidèle à la forme et au style du modèle, mais pas nécessairement au sujet. Faites le pastiche d'un des poèmes de ce chapitre, ou d'un autre poème que vous connaissez.

Chapitre 8

La correspondance

Une lettre, envoyée par courrier ou par e-mail, transmet un message entre un scripteur et une destinataire. La forme, le vocabulaire et le ton d'une lettre ou d'un e-mail dépendent de la nature du message, des rapports qui lient le scripteur à la destinataire et de leur qualité respective.

La forme des lettres traditionnelles ou électroniques est très variée, de la lettre personnelle à une amie à la lettre officielle, commerciale ou administrative. Mais toute lettre doit respecter un certain nombre de règles conventionnelles, particulièrement rigides quand il s'agit de correspondance officielle.

Une lettre ou un e-mail se compose:
- d'un en-tête (lieu et date/nom et fonction du correspondant dans la correspondance administrative)
- d'une formule initiale
- d'un ou de plusieurs paragraphes
- d'une formule finale

Les formules initiales et finales varient selon la relation qui lie le scripteur à la destinataire.

Point de départ

Quelles différences trouve-t-on entre la correspondance officielle et la correspondance personnelle? Quels renseignements donneriez-vous dans une lettre ou un e-mail de demande de poste dans une entreprise?

Écriture d'invention

Imaginez une journée typique au travail de vos rêves (ou au travail suggéré sur une image, dans un film ou dans un roman que vous connaissez). Dans un tableau de trois colonnes, indiquez: votre emploi du temps; vos activités ou tâches; les expériences, les compétences, les qualités personnelles ou les traits de caractère nécessaires pour effectuer ces activités ou tâches. Ensuite, écrivez un e-mail à un(e) ami(e) dans lequel vous décrivez cette journée.

Atelier d'écriture I

Dans ce chapitre, vous allez apprendre à rédiger des lettres officielles en français. Comme tâche finale, vous écrirez une lettre/un e-mail de motivation ainsi qu'un curriculum vitæ adressés à une entreprise du secteur de votre choix cherchant un(e) employé(e) bilingue. Pour commencer, lisez l'annonce à la page suivante et faites une liste de tout ce que vous pourriez mentionner dans votre lettre.

_____

_____

_____

_____

_____

_____

_____

_____

_____

_____

_____

_____

_____

_____

_____

Planificateur/Planificatrice logistique

Description de l'offre: Véritable bras droit du Responsable Logistique, vos missions principales seront de gérer efficacement tous les aspects d'approvisionnement aux objectifs de l'usine. Interface avec les clients externes et internes, vous coordonnerez de manière efficiente la performance globale de la logistique pour les marchés France et Espagne grâce à votre vision transversale des process.

Profil recherché
- Titulaire d'un Master en logistique, vous avez une solide expérience de 4 ans au moins des flux logistiques complexes et des capacités de production dans le secteur de l'industrie.
- Flexible, vous faites preuve d'esprit d'équipe, d'aisance relationnelle à tous les niveaux de l'organisation et d'influence.
- L'anglais est impératif dans votre quotidien et pour votre développement professionnel au sein de notre Groupe.
- Organisé(e), rigoureux(-euse) et ayant le sens du détail, vous avez une bonne gestion de votre temps et saurez vous adapter à la densité de votre travail.

Lieu de travail: Île-de-France
Type de contrat: CDI[1]
Qualification: Cadre
Salaire: €40 000 à €42 500 brut
Durée hebdomadaire de travail: 35h, horaires normaux

Contacter: www.groupe-ratio-France.com/nous-rejoindre

---
[1]CDI = Contrat à durée indéterminée

Vocabulaire utile

Le langage administratif

On utilise un lexique spécialisé dans les lettres officielles. Étudiez la liste ci-dessous.

à l'attention de...	destiné(e) à...
accuser réception de...	avoir reçu...
agréer	accepter
ci-joint	à l'intérieur de l'enveloppe; il s'agit également du document attaché à un e-mail
comme suite à...	s'emploie pour répondre à une lettre
conformément à...	d'après...
courant	de ce mois
notre référence (N.R.)	la référence de la lettre que vous envoyez
pièces jointes (P.J.)	papiers autres que la lettre
sous couvert de (s/c)	entre l'expéditeur/expéditrice et le/la destinataire, il y a une personne qui lit la lettre et l'envoie
veuillez	formule de politesse; signifie «s'il vous plaît»
votre référence (V.R.)	la référence (FR/CE n° 543) de la lettre reçue; c'est, en général, la première lettre du prénom et du nom de l'auteur(e) de la lettre, ainsi que de son/sa secrétaire

(Continued)

Pour parler de sa candidature

Substantifs

les attentes (f.), les prétentions (f.)
le but
une candidature
une carrière
un(e) chef, un directeur/une directrice
un contrat
un diplôme
un domaine de spécialisation
un dossier
un emploi
un emploi du temps
un entretien d'embauche
un métier
un poste
une profession
une recommandation
un recruteur/une recruteuse
une référence
un rendez-vous
un salaire
un stage

Verbes

accueillir
décrocher (un entretien)
être chargé(e) de
prendre part à
recruter
solliciter

Pour parler de ses compétences

Substantifs

une aisance
un approvisionnement
une bonne culture générale
une bonne faculté d'analyse/de synthèse
le flux
un interlocuteur/une interlocutrice
la logistique
la maîtrise d'un logiciel
les qualités d'écoute/de compréhension
le quotidien
la réconciliation
le (au) sein (de)

Adjectifs

bilingue, multilingue
ciblé(e)
clair(e)
concis(e)
doué(e) en…
dynamique
efficace
exceptionnel(le)
exigeant(e)
expérimenté(e)
indispensable
motivé(e)
passionnant(e)
ponctuel(le)
potentiel(le)
titulaire
vif(-ive)

Verbes

acquérir des compétences/des expériences
s'adapter
apprécier (le travail en équipe)
assurer
avoir de l'expérience
avoir le sens des responsabilités/de
    l'organisation/de la rigueur
avoir un esprit professionnel
collaborer
s'enrichir/s'épanouir professionnellement
fournir
gérer
naviguer (le Net)
s'occuper des fonctions managériales
optimiser
travailler en équipe

Exercices

A. Questions et réponses.

Voilà quelques questions et réponses tirées d'un entretien d'embauche. Remplissez chaque blanc par un mot convenable de la liste du *Vocabulaire utile.*

1. —Oui, j'ai de l'expérience. J'ai fait un(e) _____ de six mois au Crédit Agricole.

2. —Oui, je suis _____. J'arrive toujours à l'heure, même en avance!

3. —Quel serait mon _____?

   —De 9h00 jusqu'à 17h00.

4. —Quelles sont vos _____?

   —Un salaire dans les 30.000 euros.

5. —On vous offre un _____ de trois ans.

B. Définitions.

Identifiez la chose ou la qualité qui complète les définitions suivantes.

1. Une réunion convenue (arrangée) à l'avance. C'est _____.

2. Un document qui décrit les qualités d'un(e) candidat(e). C'est _____.

3. Il s'agit de la personne à la tête d'une entreprise. C'est _____.

4. Une personne qui demande à quelqu'un de beaucoup travailler est _____.

5. Une personne qui a déjà beaucoup travaillé dans un domaine est _____.

C. En contexte.

Analysez l'emploi des expressions en italique. Ensuite, trouvez un synonyme ou une paraphrase pour en dégager le sens.

V.R.: 389/RF/LT

Objet: stage à l'Institut du Pétrole

Monsieur le Directeur:

   Conformément aux renseignements que vous m'avez donnés dans votre lettre du 15 juin 2022, je vous écris afin de faire une demande de stage dans votre institut.

   Je vous remercie beaucoup de votre aide et vous prie *d'agréer,* Monsieur le Directeur, l'expression de toute ma gratitude.

_____

_____

_____

—Lettre de motivation et CV—

DRH - *Ratio France*

Candidature pour le poste en logistique

Madame/Monsieur,

Titulaire d'un **Master Professionnel Logistique** de l'Université Paris 7-Sorbonne et d'un MBA en Affaires Internationales option **Marketing,** je vous soumets ma candidature pour le poste en logistique dans votre entreprise, décrit en ligne.

Les différentes missions que j'ai effectuées dans des sociétés françaises et brésiliennes m'ont permis d'améliorer considérablement mes compétences professionnelles.

- Grâce à mon expérience chez *Brésil Sports* et *Rhopou*, j'ai tout d'abord découvert l'importance de la **rigueur** et de la curiosité afin d'améliorer mes capacités d'apprentissage.

- En travaillant avec les équipes *Medico*, j'ai ensuite développé mes aptitudes analytiques, mon **esprit de synthèse** et mon **adaptabilité** au changement.

- Au sein de *Partenaire France*, j'ai appris que le travail autonome nécessite un grand sens de la **responsabilité** tandis que le travail en équipe demande de la **flexibilité.**

- Plus récemment, j'ai renforcé mes capacités de communication et mon **sens de l'écoute** pour être au service du client chez *Unique Sport*.

Bilingue de naissance (en français et portugais) avec également des compétences de niveau avancé en anglais et espagnol, je peux facilement travailler dans un contexte international.

Je me tiens à votre disposition pour répondre à vos questions ou pour vous présenter plus en détail mes expériences et ma motivation au cours d'un entretien.

Cordialement,

Gisela Gomes

C.V. joint ou en ligne (http://youtube.giselagomes)
gisela@gomes.com
06.23.45.67.89

Gisela Gomes 22, rue du Docteur Roux 94500 Champigny, France
gisela@gomes.com; www.giselagomes.com; 06.23.45.67.89

Diplômes
2015 Université Paris 7- Sorbonne: Master 2 Professionnel Logistique
2014 EHEL Paris: MBA Affaires Internationales, Option Marketing
2013 Université de Sao Paulo, Brésil: Licence en Sciences de Gestion
2012 Université de Sao Paulo, Brésil: Licence en Affaires Internationales
2011 École de Commerce, Rennes, France: Bachelor en Business Administration
2008 Lycée Carrion, Sao Paulo, Brésil: Bac scientifique trilingue

Compétences linguistiques
Français: langue maternelle
Portugais: langue paternelle
Anglais: courant à l'écrit et à l'oral
Espagnol: courant à l'écrit et à l'oral

Compétences en informatique
MS Office (Word, Excel, Power Point, Access), SAP, Photoshop

Expériences professionnelles
2020–2021: *Unique Sport,* **Paris, France. 9 mois. Chef de Projet en Logistique**
Gestion des stocks; gestion de projets; études et analyses pour la réduction des coûts; optimisation des flux informatiques; optimisation des processus organisationnels; élaboration d'une stratégie client

2018–2019: *Partenaire France,* **Versailles, France. 10 mois. Junior au Service Marketing**
Marketing des produits stratégiques; lancement des opérations promotionnelles; création de brochures et catalogues; mise à jour des tableaux de bord du service; suivi des affaires

2016–2017: *Medico,* **Nanterre, France. 1 an. Assistante au Service Marketing et Communications**
Suivi des relations avec les agences de communication; suivi des actions promotionnelles, de la commercialisation des produits et de la fidélisation des clients; suivi de la refonte des sites Web; rédaction d'appels d'offres; membre des comités de sélection des produits

2010: *Rhopou,* **Sao Paulo, Brésil. 4 mois. Assistante Marketing International**
Analyses des marchés à l'exportation; plan marketing international

2006–09: *Brésil Sports.* **Stages de 3 mois chaque été. Assistante Commerciale**
Gestion de l'équipe de vente, des plannings, répartition des tâches, formation des débutants

Activités diverses
Sports: basket (membre d'une équipe pendant 10 ans), football, badminton
Danse: classique (10 ans), danses brésiliennes
Voyages en Europe et en Amérique
Bénévole dans des associations humanitaires
Permis auto et moto

Réactions et compréhension

1. À votre avis, quelles expressions et phrases vous permettent de mieux connaître la candidate? Lesquelles mettent en valeur ses compétences et lesquelles sont plutôt conventionnelles?

   _____

   _____

   _____

2. Dans quel but est-ce que Mme Gomes rédige sa lettre de motivation? Comment a-t-elle appris qu'un poste était vacant?

   _____

   _____

3. Quels postes ont permis à la candidate d'acquérir des connaissances en informatique?

   _____

   _____

4. Lesquelles, parmi ses «activités diverses», pourront donner un avantage à sa candidature? Pourquoi?

   _____

   _____

Résumé et réflexions

Si vous étiez le recruteur/la recruteuse, comment résumeriez-vous les points forts de la candidature de Mme Gomes à un(e) collègue? Lesquels privilégieriez-vous? Réfléchissez à la composition de la lettre de motivation de Mme Gomes. À votre avis, quelles qualités sont essentielles pour le poste qu'elle souhaite obtenir?

Analyse structurelle

1. Regardez la lettre de motivation de Mme Gomes et analysez la fonction de chaque partie.

   Partie 1: _____

   _____

   _____

   Partie 2 (avec les puces *[bullet points]*): _____

   _____

   _____

Partie 3: _____

_____

_____

Partie 4: _____

_____

_____

2. Regardez le CV et notez:
   • les catégories d'information
   • l'ordre des catégories d'information
   • l'ordre des informations présentées pour chaque catégorie

_____

_____

_____

_____

3. Maintenant, cherchez des exemples de CV sur Internet et comparez-les avec celui de Mme Gomes. En quoi leur structure est-elle similaire? En quoi est-elle différente?

_____

_____

Analyse stylistique

1. Quelle est la fonction des formules suivantes?

… je vous soumets ma candidature… _____

Je me tiens à votre disposition. _____

Cordialement _____

2. Quelles sont les deux techniques utilisées dans la lettre de motivation pour mettre en valeur les compétences de Mme Gomes? Trouvez-vous que ces techniques soient efficaces? Pourquoi ou pourquoi pas?

_____

_____

_____

3. Regardez de nouveau les informations données dans chaque catégorie du CV. Quelles différences de ponctuation et d'emploi de lettres majuscules remarquez-vous entre un CV français et un CV américain?

_____

_____

4. Regardez les détails qui correspondent à chaque poste. Est-ce que des verbes ou des substantifs prédominent? Quels mots sont supprimés? Pourquoi sont-ils supprimés, d'après vous?

_____

_____

5. En analysant les deux documents ainsi que vos réponses ci-dessus, identifiez les techniques qui sont employées pour rendre la lecture facile et rapide?

_____

_____

Les actes de parole

Comme signalé ci-dessus, la correspondance commerciale s'effectue le plus souvent par courrier électronique (on dit aussi _e-mail_, _mail_, _mél_ ou _courriel_). Bien que le style s'avère parfois moins formel[2], il est toujours conseillé d'utiliser les formules présentées ci-dessous.

Pour saluer: les formules de politesse

La formule initiale
Elle varie selon la relation qu'entretiennent le scripteur/la scriptrice et le/la destinataire.

Titre	Circonstances
Madame, Monsieur	S'emploie quand vous ne savez pas si votre correspondant est un homme ou une femme.
Madame/Monsieur	S'utilise quand vous savez que vous vous adressez à une femme ou un homme que vous ne connaissez pas (ou peu).
Monsieur le Directeur/ Madame la Directrice/ Monsieur l'Ambassadeur/ Madame l'Ambassadrice/ Maître/Docteur(e), etc.	Lettre officielle, fonction et titres connus
Cher Monsieur/ Chère Madame/ (Mon/Ma) Cher (Chère) ami(e)	Vous connaissez assez bien cette personne; rapport mi-formel et mi-familier

---

[2]On trouve, par exemple, _Cordialement_ ou _Bien à vous_ comme formules finales.

Pour entrer en matière

C'est le début du corps de la lettre ou de l'e-mail, normalement le premier paragraphe,
où vous exprimez le but de votre correspondance:

Pour poser sa candidature

Je suis intéressé(e) par l'offre d'emploi [de secrétaire]...

L'offre d'emploi que vous avez publiée dans *[Le Monde]* de ce jour m'intéresse au plus
   haut point...

J'ai l'honneur de poser ma candidature au poste de [vendeur]...

Suite à votre annonce, je vous écris afin de vous faire savoir que le poste d'[ingénieur]
   qui est vacant m'intéresserait...

Pour répondre

J'ai l'honneur de vous faire savoir que...   *(à une personne importante)*

En réponse à votre lettre...   *(à une personne que vous ne*
Comme suite à votre lettre...   *connaissez pas ou que vous*
Comme suite à notre conversation téléphonique...   *connaissez peu)*

Pour demander

J'ai l'honneur de vous adresser...   *(à une personne importante)*
J'ai l'honneur de solliciter...

Je vous prie de...   *(à une personne que vous ne*
Je voudrais demander...   *connaissez pas ou que vous*
Je vous serais très obligé(e) de...   *connaissez peu)*
Je vous serais très reconnaissant(e) de...
Veuillez me faire parvenir...

Pour remercier

Je vous serais très obligé(e) de...   *(à une personne importante)*

Je vous serais très reconnaissant(e) de...   *(à une personne que vous ne*
Je voudrais vous remercier de votre gentillesse...   *connaissez pas ou que vous*
                                                    connaissez peu)

Pour annoncer une bonne nouvelle

J'ai le plaisir de...   *(à une personne que vous ne*
                                         connaissez pas ou que vous
                                         connaissez peu)

Pour annoncer une mauvaise nouvelle, un refus

J'ai le regret de...   *(à une personne que vous ne*
                                         connaissez pas ou que vous
                                         connaissez peu)

Pour clore

Dans les lettres ou les e-mails où on postule à un emploi ou on demande un service, il est souhaitable d'ajouter une formule avant de finir la lettre.

Avec mes remerciements anticipés...	*(pour remercier)*
Nous vous remercions à l'avance et...	
Dans l'attente de votre réponse...	*(pour solliciter une réponse)*
Dans l'attente d'une réponse favorable...	
Dans l'espoir que ma demande recevra un accueil favorable...	

La formule de politesse finale

C'est la formule qui se trouve juste avant la signature. Il faut toujours reprendre, dans la formule de politesse finale, les mêmes termes que ceux de la formule initiale (Madame, Monsieur le Directeur, etc.)

Croyez, Monsieur, à mes sentiments les meilleurs.	*(à quelqu'un que vous ne connaissez pas ou à un supérieur)*
Veuillez croire, Madame, à mon respectueux souvenir.	
Croyez, Monsieur, à ma très haute considération.	
Je vous prie[3] de croire, Madame, à l'expression de mes sentiments distingués.	

Exercices

A. Classez.

Classez les formules suivantes selon leur fonction (l'en-tête; l'entrée en matière; les remerciements, etc.). Ensuite, expliquez qui les emploierait et en s'adressant à qui. Suivez le modèle.

Formule	Fonction	Correspondants
J'ai l'honneur de poser ma candidature...	*Pour poser sa candidature*	*Pour écrire à une personne qu'on ne connaît pas/qu'on connaît peu*
Croyez, Monsieur, à mes sentiments les meilleurs.		
Avec nos remerciements anticipés...		
Monsieur		
Je vous serais très reconnaissant de...		

B. Formules.

Quelle formule initiale et quelle formule de politesse finale utiliseriez-vous pour écrire aux organisations ou personnes suivantes?

1. le consul pour demander un visa

_____

_____

---

[3]Marque une déférence plus grande.

2. l'Alliance française pour demander des formulaires d'inscription

_____

_____

C. Mettez en ordre.
Voici des fragments d'une lettre. Mettez-les dans le bon ordre.

1. Mes employeurs précédents m'ont toujours trouvée ponctuelle et ordonnée.

2. Je me tiens prête à répondre à toute convocation de votre part.

3. Vous trouverez dans le curriculum vitæ ci-joint tous les détails qui peuvent vous intéresser.

4. Veuillez agréer, Monsieur, mes respectueuses salutations.

5. En réponse à votre annonce parue dans *Le Monde* du 12 mars 2022...

6. Je possède une formation en bureautique (maîtrise des logiciels de traitement de texte, tableur, base de données, multimédia, etc.) et j'ai déjà été employée à des travaux de secrétariat dans deux maisons de commerce.

7. ... j'ai l'honneur de poser ma candidature à l'emploi proposé de secrétaire/assistant(e) administratif(-ive).

8. Je crois pouvoir vous assurer que vous ne serez pas déçu de mes services.

_____

_____

_____

_____

_____

_____

_____

_____

D. Trous.
Dans les fragments de correspondance suivants, ajoutez les éléments qui manquent.

Lettre

Sylvie BRUGEROLLE
11, rue du Coq
33390 BLAYE

le 12 mars 2022
M. Charles LACHMANN
Centre de Formation Professionnelle
125, boulevard St-Michel
75005 PARIS

_____

    Je souhaite acquérir la formation nécessaire au métier d'interprète et j'aimerais suivre les cours du Centre de formation des interprètes. Sous quelles conditions est-il possible de s'incrire dans votre Centre?
    [...]

_____

_____

_____

_____

_____

_____

_____

E-mail

Ecrire un message
↵ ⏩ Envoyer 🗎 Enregistrer 🗍 Joindre un fichier ⊠ Annuler

A: Durand Fils & Compagnie
Copie:

Accès au Répertoire
☑ Conserver une copie

Objet: Candidature pour le poste de responsable dans le secteur alimentation   Priorité: [normale ⬍]

Suite à votre annonce parue sur le site *Ali-postes*, _____

_____

_____

_____

Titulaire d'un **diplôme d'ingénieur en Alimentation et Santé**, je vous soumets ma candidature pour le poste de responsable qualité dans votre société.

Mes trois années d'expérience m'ont fourni une formation diverse et approfondie.

[...]

_____

_____

_____

Juliette Bassan
C.V. joint

Pour s'identifier et se présenter: rédiger un CV

Un curriculum vitæ permet à l'employeur éventuel de juger avec rapidité et précision de la situation d'une personne et de prendre connaissance des étapes principales de sa carrière. Tout en étant complet, il ne doit pas être encombré de détails sans importance pour une bonne appréciation du candidat ou de la candidate. Le CV français comporte les parties suivantes.

État civil

- Nom et prénoms
- Nationalité
- Adresse et numéro de téléphone

Formation reçue

- Diplômes universitaires
- Diplômes scolaires
- Langues parlées, écrites, lues

Connaissances particulières

Description des connaissances qui serviraient à montrer des qualifications particulièrement appropriées pour l'emploi sollicité.

Expérience

Liste des différents emplois occupés, dans l'ordre antichronologique ou dans l'ordre chronologique, selon le choix, en précisant les dates, le nom de l'établissement, la fonction occupée.

Centres d'intérêt

Activités qui intéresseraient votre employeur éventuel, soit pour indiquer une affinité avec l'entreprise, soit pour attirer l'attention sur des accomplissements qui mettraient en valeur votre caractère.

Samir SAIDI   **Agent immobilier**

29, rue Léon Blum
69100 Villeurbanne
Tél : 06.78.89.XX.XX
E-mail: samir@saidi.fr

FORMATION

2021	**Master de Lettres, Université de Lyon**
2019	**Licence de Lettres, Université de Lyon**

Langues:	**Anglais:** bilingue
	Espagnol: courant

Logiciels maîtrisés:	Word Suite, Adobe Suite

EXPÉRIENCES PROFESSIONNELLES

juillet 2021–   **AGENCE GROUPE ETS**
Valence   *Agent immobilier*
                       Missions et tâches réalisées: Rapports vendeur–client;...

septembre–juin 2021   **GROUPE BREGUET**
Montélimar   *Stagiaire*
                       Missions et tâches réalisées: Mise à jour régulière du
                       site web; promotion des ventes effectuées sur Internet;
                       suivi du service clientèle.

CENTRES D'INTÉRÊT
Dressage de chiens
Ski alpin et nordique
Arts martiaux, ceinture noire

Exercices

A. Corrigez.

Corrigez le CV suivant: réorganisez-le, remplissez les lacunes, supprimez les éléments superflus et suggérez des changements pour qu'il soit plus attrayant pour un employeur potentiel.

---

martinjp@pomduweb.com; www.jpmartin.com; 06.23.45.XX.XX

Diplômes
2015 BTS Comptabilité et Gestion des Organisations

Compétences linguistiques
Anglais: Je peux le lire et le comprendre.

Compétences en informatique
Le traitement de texte
Quickbooks

Expériences professionnelles
2015–2016: *Stage de comptabilité*

2016–2019 *Aide-Comptable chez POTIN.* Mes fonctions étaient les suivantes: Tenue des écritures, petit livre, grand livre, enregistrement des factures, bilan. Suivi factures impayées, assistance à la comptabilité fiscale. Coordination avec les administrations.

2019–2020: Chômeur dû à la crise sanitaire

2020–2021: Livreur chez Flash-Pizza

Activités diverses
Divorcé, je cherche des occasions pour rencontrer mon âme sœur, telles que les leçons de tango, le speed-dating et les cours pour adultes. Sinon, j'aime le cinéma, le tennis et les balades à moto.

B. Votre CV.

Ébauchez votre CV en suivant le schéma donné.

Atelier d'écriture II

D'abord, révisez la liste que vous avez écrite dans l'Atelier I. Pour les catégories générales que vous avez suggérées dans le premier atelier, donnez des précisions personnelles:

Modèle   *Formation: diplôme en français et sciences politiques*

Ensuite, trouvez une annonce d'emploi sur Internet ou imaginez un poste pour lequel vous voulez présenter votre candidature; écrivez une ébauche de votre lettre de motivation et formulez un curriculum vitæ qui correspond à l'employé(e) recherché(e).

La stylistique

Conseils généraux

Dans votre correspondance, vous aurez deux buts, selon l'objectif de la lettre: (1) vous rechercherez d'abord la compréhensibilité, surtout pour la correspondance officielle; (2) pour la correspondance personnelle, vous voudrez susciter l'intérêt et faire valoir votre personnalité.

Voici quelques conseils:

- Veillez à ce que vos phrases soient courtes et claires.
- Surveillez le premier mot de chaque paragraphe. Si ce mot est «je» et qu'il est trop souvent répété, vous risquez de donner l'impression de ne parler que de vous-même; trouvez donc une autre solution si possible, par exemple, un adverbe *(maintenant, actuellement),* un participe présent *(travaillant à Paris...),* etc.
- Vérifiez bien la grammaire et l'orthographe. L'acte d'écrire suppose la réflexion et la précision de la langue; toute faute suggère la négligence ou l'ignorance.
- Utilisez les formules appropriées.
- Rendez vos lettres agréables, amusantes et inattendues; cela donne envie de lire et de répondre; enfin, c'est le plaisir de la correspondance.

Exercices

A. De la correspondance pas comme il faut.

Refaites la correspondance suivante en respectant les conseils donnés ci-dessus.

Ecrire un message		
↲ 🖃 Envoyer 🖺 Enregistrer 📎 Joindre un fichier		✂ Annuler

A:	_____	Accès au Répertoire
Copie:	_____	☑ Conserver une copie

| Objet: | _____ | Priorité: [normale ⬍] |

Cher Monsieur/Chère Madame,

J'ai lu votre annonce dans le journal. Ce poste m'intéresse beaucoup et j'ai aussi beaucoup d'expérience! Je vous en parlerai davantage pendant mon entretien d'embauche.

À propos, à quel moment pensez-vous me faire venir pour un entretien? D'habitude je suis libre (je suis au chômage).

En attendant une réponse rapide, je vous prie de croire, cher Monsieur/ chère Madame, à mes sentiments les meilleurs.

_____

_____

_____

_____

_____

Envoyer Enregistrer Joindre un fichier   Annuler

A:
Copie:

Accès au Répertoire
☑ Conserver une copie

Objet: Priorité: normale ⬍

Madame,
J'ai lu avec intérêt votre annonce dans le journal *Ouest-France.* En tant que programmateur avec 8 ans d'expérience, j'ai l'honneur de poser ma candidature au poste de chef programmateur.

Comme vous verrez en lisant mon CV (ci-joint), j'ai travaillé dans plusieurs entreprises. J'aimerais changer de travail puisque mon salaire actuel n'est pas suffisant. Pourriez-vous me donner une idée approximative du salaire que vous proposez?

Je vous prie de croire, Madame, à l'expression de mes sentiments sincères.

_____
_____
_____
_____
_____

Ecrire un message
Envoyer Enregistrer Joindre un fichier   Annuler

A:
Copie:

Accès au Répertoire
☑ Conserver une copie

Objet: Priorité: normale ⬍

Cher Monsieur,
J'ai vu une annonce dans le journal qui m'intéresse beaucoup. C'est pour un emploi de vendeur dans votre magasin. J'ai beaucoup d'expérience dans les ventes parce que j'ai travaillé à mi-temps pendant l'été comme vendeur et je suis vendeur actuellement et je crois que l'emploi de vendeur me convient tout à fait.

Regardez bien mon CV et vous trouverez que je suis très qualifié.

J'espère que j'aurai une réponse bientôt.

Sincèrement,
Jean-Paul Dupont

_____
_____
_____

B. Rédigez.

Rédigez un e-mail au Consulat français dans lequel vous demandez des renseignements concernant des stages linguistiques organisés par le gouvernement français pendant l'été.

Entraînez-vous!

Voici une lettre de motivation et un curriculcum vitæ, rédigés par une étudiante américaine, qui utilise les techniques enseignées dans ce chapitre. Analysez-les, en faisant bien attention à l'organisation et aux éléments conventionnels.

Que pensez-vous de cette lettre et de ce CV ? Quels changements y apporteriez-vous ?

Smithfield, le 16 janvier 2022

Mlle Julie Mitchell
204 E. Healey Drive
Smithfield
MI 49082

Assistantship Program
Ambassade de France
SCULE
4101 Reservoir Road
Washington, D.C.
20007

Monsieur,

Comme suite à votre annonce parue dans FrenchCulture.org, j'ai l'honneur de vous faire savoir que je suis intéressée par le poste d'assistante d'anglais.

Je fais des études de français / études européennes à Midwestern University dans l'espoir de devenir professeur du secondaire, dans des lycées américains. J'étudie le français depuis dix ans et ai vécu la plus grande partie de ma vie en Afrique, où ma famille réside toujours.

Le poste d'assistante d'anglais dans un lycée français m'intéresse vivement car il m'accorderait une expérience de l'enseignement tout en me permettant de vivre en France et de poursuivre mes intérêts dans la culture française et européenne. Mes nombreuses années passées en Afrique m'ont bien préparée à vivre à l'étranger et mon amour de l'enseignement ainsi que ma maîtrise de l'anglais et du français font de moi une bonne candidate pour ce poste. Sous ce pli, vous trouverez mon curriculum vitæ.

Dans l'espoir que ma candidature retienne votre attention, je vous prie de croire, Monsieur, à mes sentiments les meilleurs.

Julie Mitchell

P.J.: 1

CURRICULUM VITÆ

Julie MITCHELL

204 E. Healey Drive
Smithfield, MI 49082
USA
Tél.: 269.346.5217
Mél.: jmitch@...

FORMATION ET DIPLÔMES

2014–2018
John Randolph Tucker High School (Lycée), Baccalauréat International

2018
Diplôme de fin d'études: «valedictorian» (meilleure étudiante)

Depuis 2018
Midwestern University

2020–2021
Institut d'Études Politiques à Lyon dans le cadre d'un échange

EXPÉRIENCE PROFESSIONNELLE

2021–présent
Assistante de professeurs de français
Traduction en anglais de textes français pour une compagnie à but
non-lucratif

2018–2020
Cours particuliers de français, d'algèbre et de chimie

2014–2018
Monitrice et chef des moniteurs (2000) à Governor's French Academy
(programme d'été en immersion totale)

COMPÉTENCES LINGUISTIQUES ET INFORMATIQUES

Anglais: langue maternelle
Français: oral, lu et écrit
Très bonne maîtrise de l'informatique (incluant l'informatique
pédagogique) et l'Internet
Logiciels: Word, Works, Excel, Powerpoint (pack Office), Internet
Explorer, ExamView

CENTRES D'INTÉRÊT

Au lycée
Présidente de Keyettes (club caritatif)
Participation au Modèle International des Nations Unies à La Haye
Danseuse
Présidente du club de français
Membre de Forensics (club de débat)
Membre de plusieurs clubs universitaires

DIVERS

Séjours prolongés au Sénégal, au Mali et en Côte d'Ivoire
Permis de conduire international
Pratique de la course
Intérêt pour les voyages et les cultures diverses

Atelier d'écriture III

Écrivez votre lettre (ou votre e-mail) de motivation en incluant les éléments esquissés dans les deux premiers Ateliers. Soyez précis(e) tout en respectant les conventions du genre. Votre lettre doit:

- donner une image positive de vous-même
- être directe, condensée et tonique
- être adaptée au poste visé
- exprimer votre compréhension des besoins de l'entreprise et décrire vos atouts
- donner les raisons pour lesquelles vous présentez votre candidature

Puis, révisez votre curriculum vitæ pour vous assurer que vous vous êtes présenté(e) aussi bien que possible et que vous avez inclus toutes vos compétences.

Retouches

Maintenant, relisez attentivement votre lettre de motivation. Est-ce qu'elle répond aux exigences mentionnées dans l'annonce que vous avez trouvée? Votre lettre est-elle claire, précise et bien organisée?

Rappel: Pour l'organisation de votre lettre et de votre CV, faites les activités suivantes:

1. Employez les éléments conventionnels:
   - l'en-tête
   - la formule initiale
   - la formule finale
2. Servez-vous de deux formules de politesse dans le corps de la lettre *(Les actes de parole)*.
3. Vérifiez la logique de l'ordre des phrases dans votre lettre.
4. Mettez-vous à la place de l'employeur potentiel qui lira cette lettre. Faites attention au ton et choisissez les mots et les formules en fonction du ton désiré et du but de la lettre.
5. N'oubliez pas de vérifier les éléments suivants:
   - l'orthographe et les accents
   - le niveau de langue et les titres employés
   - toutes les conjugaisons des verbes au futur, au conditionnel et au subjonctif

---

Dictionnaire personnel. De quels nouveaux mots vous êtes-vous servi(e) pour écrire votre lettre? Ajoutez-les à votre dictionnaire personnel.

Révision en groupes. Commentez et corrigez la lettre d'un(e) autre étudiant(e) ou d'autres étudiant(e)s selon le système proposé par votre professeur.

Version finale. Rédigez la version finale de votre lettre en prenant en compte les commentaires suggérés par les étudiant(e)s et/ou ceux du professeur.

Écriture libre

Une lettre de motivation parodique.

Écrivez une lettre de motivation qui fait rire par son honnêteté extrême. Gardez la forme et le contenu général de la lettre sérieuse que vous avez déjà écrite, mais cette fois, au lieu de convaincre l'employeur, amusez le lecteur.

Appendix A

Travail de recherche

Réussir un travail de recherche, c'est participer ou contribuer à une conversation avec des experts qui ont déjà publié dans un domaine choisi, sur un sujet bien délimité. Dans un travail de recherche, il s'agit de répondre à une question qui nécessite la lecture de documents fournissant des réponses possibles. Une fois des articles et des livres lus, il faudra:

- les interpréter
- tirer des conclusions
- soutenir ces conclusions par des preuves bien documentées et des arguments bien organisés
- intégrer des sources diverses
- faire des liens avec ce que vous avez appris dans différents cours et livres

Ce genre de travail nécessite du temps car il demande de l'organisation. Il faut trouver et lire des articles et livres, réfléchir, puis écrire en de multiples étapes, relire et faire des corrections. Voici un possible plan de travail à suivre.

I. Faire de la recherche

A. Créer une bibliographie d'environ une page sur le sujet de votre choix.

Pendant cette étape, il n'est pas nécessaire de lire ces textes. Le but est de connaître les recherches déjà faites sur le sujet; de savoir qui a écrit sur ce sujet; et de sélectionner les articles ou livres qui vous semblent les plus utiles. Veillez à utiliser des sources relativement récentes! Votre bibliographie devrait:

- comprendre au moins 5 livres
- comprendre au moins 5 autres textes (articles, dissertations). Il est cependant conseillé de ne pas utiliser des sources du genre Wiki, dont le contenu n'est pas toujours fiable ni original.
- suivre le format MLA *(Modern Language Association)* qui précise la mise en page ainsi que d'autres éléments techniques, tels que la ponctuation, la forme des citations, etc. Le format MLA s'appliquera surtout à la bibliographie. Il s'agit d'un style à suivre / respecter rigoureusement (dans tous ses détails).

B. Lire les articles et les livres.

L'information disponible sur un sujet est d'une telle quantité qu'on ne pourra jamais tout aborder. Cependant, toute cette information n'est ni utile ni valable ni précise. Il s'agit donc de la passer au crible et de prendre des décisions. En premier lieu, il faudra évaluer les idées, les données et les opinions que vous trouvez pour voir si vous pourrez vous en servir.

II. Écrire un résumé

Il s'agit d'un travail d'organisation. Écrivez un résumé d'une à deux pages de deux articles ou de deux chapitres secondaires (textes qui traitent de l'information présentée ailleurs à l'origine). Organisez votre résumé écrit autour des questions et sujets suivants.

Introduction

- Quel est le titre de l'article/du chapitre? la date de publication?
- Qui en est l'auteur? Est-il connu(e) ou non? Pour quels travaux, thèses ou théories?
- Quel est le sujet général de l'article/du livre (chapitre)?
- Quelle est la thèse ou la question centrale de l'article/du livre (chapitre)?

Résumé

Faites le résumé de l'article, sans tout raconter. Parlez plutôt de la structure de l'article et du plan général.

Discussion

- Comment l'auteur explore-t-il sa thèse? Quels arguments utilise-t-il?
- Quelle est son approche théorique? Est-elle clairement définie?
- Quelles sont les idées les plus importantes traitées dans l'article?

- L'article est-il impartial et objectif?
- Quels sont les rapports entre le contenu de l'article et celui d'articles, textes, films ou images étudiés dans d'autres cours?
- Quels sont les problèmes et difficultés de l'article?
- Quelle est la valeur ou quel est l'intérêt de l'article pour votre travail?

III. Articuler votre argument ou thèse

Articulez de façon très claire votre argument, c'est à dire la thèse ou la problématique du travail en deux ou trois lignes.

À la différence d'un sujet—l'environnement, un poème de Baudelaire, le gouvernement français—une thèse est une idée, une proposition ou une théorie originale sur un sujet donné. On dit aussi *argument.* Une problématique est une question identifiée et à laquelle vous répondez à travers un essai ou une dissertation, un travail de recherche, etc. À partir de vos lectures et de votre réflexion critique, vous formulerez votre thèse.

Une fois bien conçue, il faut rendre la thèse ou la problématique intéressante au lecteur en soulignant un paradoxe, une contradiction ou encore la nouveauté de la question en raison de récents progrès, etc.

IV. Élaborer un plan détaillé et une ébauche de trois à dix pages
A. Votre plan détaillé consistera en:

- un résumé de votre recherche (Où est-ce que vous vous placez vis-à-vis de la critique contemporaine sur le sujet?)
- un paragraphe qui expliquera votre point de vue critique et ses implications sur le(s) texte(s) que vous avez choisi(s)
- une énumération des arguments que vous présenterez pour soutenir votre thèse. Pour chaque idée avancée, il s'agit de fournir des preuves pour donner de la profondeur à votre argumentation et pour convaincre les lecteurs de votre travail. Citez des œuvres qui vous permettront de donner du poids à votre argumentation, soit en les élargissant, soit en les contredisant.
- une énumération des arguments opposés aux vôtres, anticipant des objections possibles afin que les lecteurs ne puissent pas déstabiliser votre argumentation

B. Votre ébauche:
- doit suivre une organisation rigoureuse:

  une introduction, qui présentera la thèse ou la problématique

  un résumé de vos recherches, qui discutera de façon critique des travaux déjà faits dans le domaine de votre sujet. Cette discussion mettra en relief la nouveauté de votre thèse.

  des arguments pour soutenir votre thèse. Ces arguments signaleront des faiblesses ou des contradictions dans l'argumentation d'autres chercheurs ou proposeront des raffinements ou une analyse plus fine. Vous citerez, bien sûr, les sources utilisées. ATTENTION: Le plagiat (copier ou faire une paraphrase du travail de quelqu'un en le présentant comme le sien) est inadmissible. Les cas de plagiat sont sévèrement sanctionnés dans les universités.

  une conclusion, qui insistera de nouveau sur la contribution de votre thèse au discours intellectuel du domaine étudié en résumant les points principaux de votre argumentation. Dans votre conclusion, vous pourrez aussi indiquer les questions qui restent à nuancer ou à résoudre.

  une bibliographie
- doit être écrite sans stress

V. Raffiner/Perfectionner votre travail

Votre professeur vous demandera éventuellement de présenter votre travail à la classe (ou en groupes) oralement ou par écrit. Réfléchissez bien aux réactions et suggestions de vos camarades. Ont-ils bien compris votre thèse? votre plan d'argumentation? Ou y a-t-il des ambiguïtés, des contradictions ou des non-sens? Soyez prêt(e) à répondre aux critiques—avec amabilité et poliment—en signalant celles qui sont valables ou en rejetant celles qui vous paraissent mal conçues. N'hésitez pas à affiner votre thèse initiale ou votre plan d'argumentation selon les suggestions de vos camarades ou en suivant l'évolution de vos pensées. Rappelez-vous que toute écriture est un processus de réflexion *et* de réfection.

VI. Écrire votre dissertation de huit à douze pages

Votre dissertation:

- doit utiliser le travail déjà fait décrit ci-dessus
- être écrite selon la structure indiquée préalablement par votre professeur
- suivre le style MLA

Appendix B

Les temps littéraires

French has four tenses that are used primarily in literary texts. The *passé simple* and the *passé antérieur* are indicative tenses used in narrative contexts. The *imparfait du subjonctif* and the *plus-que-parfait du subjonctif* are subjunctive tenses used primarily in dependent clauses. Although you will be rarely called upon to produce these tenses, you must be able to recognize their forms and understand their use and meaning.

The *passé simple* and the *passé antérieur*

The *passé simple* is normally used in literary contexts in the same way that the *passé composé* is used in conversation. The *passé antérieur* is used in conjunction with the *passé simple* and replaces the *plus-que-parfait* after time expressions such as *dès que, aussitôt que, quand,* and *lorsque.* Note that the use of the imperfect is the same in both literary and conversational contexts.

Formation

The *passé simple* of regular verbs is formed by dropping the infinitive endings *-er, -ir,* and *-re* and adding the endings highlighted below:

arriver		finir		répondre	
j'arriv**ai**	nous arriv**âmes**	je fin**is**	nous fin**îmes**	je répond**is**	nous répond**îmes**
tu arriv**as**	vous arriv**âtes**	tu fin**is**	vous fin**îtes**	tu répond**is**	vous répond**îtes**
il/elle/on arriv**a**	ils/elles arriv**èrent**	il/elle/on fin**it**	ils/elles fin**irent**	il/elle/on répond**it**	ils/elles répond**irent**

The *passé simple* of most irregular verbs is formed by using the past participle as the stem and adding the endings *-s, -s, -t, -^mes, -^tes,* and *-rent:*

avoir *(pp: eu)*	
j'eus	nous eûmes
tu eus	vous eûtes
il/elle/on eut	ils/elles eurent

Other verbs whose *passé simple* is formed using the past participle as the stem are listed below. Only the third person is given, since this is the form found most frequently in narrative passages.

Infinitif	il/elle/on	ils/elles
boire (bu)	**but**	**burent**
croire (cru)	**crut**	**crurent**
pouvoir (pu)	**put**	**purent**
rire (ri)	**rit**	**rirent**
savoir (su)	**sut**	**surent**
se taire (tu)	**se tut**	**se turent**
vivre (vécu)	**vécut**	**vécurent**
vouloir (voulu)	**voulut**	**voulurent**

The *passé simple* of some verbs is formed by dropping the final consonant from the past participle and adding the endings given above:

mettre *(pp: mis)*	
je mis	nous mîmes
tu mis	vous mîtes
il/elle/on mit	ils/elles mirent

Other verbs in this category are *conduire, dire, écrire, prendre, s'asseoir.*
The stems of *être, faire, naître, mourir, tenir, venir,* and *voir* are entirely irregular:

Infinitif	il/elle/on	ils/elles
être	**fut**	**furent**
faire	**fit**	**firent**
mourir	**mourut**	**moururent**
naître	**naquit**	**naquirent**
tenir	**tint**	**tinrent**
venir	**vint**	**vinrent**
voir	**vit**	**virent**

The *passé antérieur* is formed by putting the appropriate auxiliary in the *passé simple* and adding the past participle:

Dès qu'il *eut franchi* le mur de la prison, il se sentit libre.

Aussitôt qu'elle *fut partie,* nous dînâmes.

The *imparfait* and the *plus-que-parfait du subjonctif*

The imperfect and pluperfect subjunctive are used in a literary context in subordinate clauses in addition to the present and past subjunctive.

Formation

To form the *imparfait du subjonctif*, drop the infinitive endings -*er*, -*ir*, and -*re* and add the endings highlighted below:

arriver		finir	
que j'arriv**asse**	que nous arriv**assions**	que je fin**isse**	que nous fin**issions**
que tu arriv**asses**	que vous arriv**assiez**	que tu fin**isses**	que vous fin**issiez**
qu'il/elle/on arriv**ât**	qu'ils/elles arriv**assent**	qu'il/elle/on fin**ît**	qu'ils/elles fin**issent**
répondre			
que je répond**isse**	que nous répond**issions**		
que tu répond**isses**	que vous répond**issiez**		
qu'il/elle/on répond**ît**	qu'ils/elles répond**issent**		

Irregular verbs use the same stem as that of their *passé simple*. Note that the third person singular always has a circumflex over the final vowel:

Passé simple	Imparfait du subjonctif
il/elle/on crut	il/elle/on crût
il/elle/on eut	il/elle/on eût

The *plus-que-parfait du subjonctif* is formed by putting the appropriate auxiliary verb *(avoir, être)* in the imperfect subjunctive and adding the past participle: *qu'il/elle/on eût fini; qu'il/elle/on fût arrivé(e)*.

Use

In literary usage, the imperfect subjunctive replaces the present subjunctive in a subordinate clause where the main verb is in the past tense or the conditional. It expresses action that occurs at the same time or after the action occurring in the main clause.

The pluperfect subjunctive replaces the *passé du subjonctif* in a subordinate clause where the main verb is in the past tense or the conditional. It expresses action that precedes the action in the main clause.

Compare conversational usage and literary usage in the charts below:

Conversational usage		
Verb in the main clause is in the . . .	**Put the verb in the subordinate clause in the . . .**	**To express . . .**
present or future	present subjunctive	an action that occurs at the same time or after the verb in the main clause
	past subjunctive	an action that occurs before the verb in the main clause
past or conditional	present subjunctive	an action that occurs at the same time or after the verb in the main clause
	past subjunctive	an action that occurs before the verb in the main clause

Je suis content qu'il parte.	*I am happy that he is leaving/will leave.*
Je suis content qu'il soit parti.	*I am happy that he left.*
J'étais content qu'il parte.	*I was happy that he was leaving/would leave.*
J'étais content qu'il soit parti.	*I was happy that he had left.*

Literary usage		
Verb in the main clause is in the . . .	**Put the verb in the subordinate clause in the . . .**	**To express . . .**
present or future	present subjunctive	an action that occurs at the same time or after the verb in the main clause
	past subjunctive	an action that occurs before the verb in the main clause
past or conditional	imperfect subjunctive	an action that occurs at the same time or after the verb in the main clause
	pluperfect subjunctive	an action that occurs before the verb in the main clause

Je suis content qu'il parte.   *I am happy that he is leaving/will leave.*

Je suis content qu'il soit parti.   *I am happy that he left.*

J'étais content qu'il partît.   *I was happy that he was leaving/would leave.*

J'étais content qu'il fût parti.   *I was happy that he had left.*

Note that in literary style, the imperfect and pluperfect subjunctive tenses may replace the imperfect, the conditional, the pluperfect, and the conditional perfect in hypothetical constructions with *si*. This is especially frequent in the third person singular. Once again, compare conversational and literary usage:

Conversational

Ah! Si seulement il *était parti* avant son arrivée!

S'il *était parti* avant son arrivée, elle *aurait été* contente.

Literary

Ah! Si seulement il *fût parti* avant son arrivée!

S'il *fût parti* avant son arrivée, elle *eût été* contente.

Exercice

Les temps littéraires.

Dans les deux passages suivants, donnez l'équivalent non littéraire des verbes en italique.

Que Nestor *se dispensât* du signe en V convenu, c'est ce qui m'*échappa* au début parce qu'il occupait une place au fond de la classe. Mais je *fus* d'emblée saisi de respect par la nonchalance avec laquelle il *s'approcha* de la caisse et par la scène qui *suivit*. Avec une attention maniaque, il *entreprit* d'examiner les divers échantillons de papier qui s'offraient en surface, puis apparemment peu satisfait de ce choix, il *fourragea* bruyamment dans la caisse pour mettre au jour des boules ou des déchirures plus anciennes …

—Michel Tournier, *Le roi des aulnes* © Éditions GALLIMARD; www.gallimard.fr

Ils *tournèrent* à gauche, prirent le sentier couleur de suie. Au loin, sur le terrain vague piqueté de palmiers aucun enfant ne jouait.

Le chemin se rétrécissait. On pouvait presque toucher des épaules les habitations qui se faisaient face. Un garçonnet au ventre ballonné, courant dans le sens opposé, *se prit* un instant entre les jupes de la vieille. Se dégageant, il la *repoussa* de ses petites mains poisseuses, *s'enfuit* à toutes jambes.

«Où sont tous les gens d'ici?»

Sans répondre, Saleh *bifurqua* à gauche.

Om Hassan *reconnut* la pierre plate qui sert de banc aux vieillards. «Si nous étions restés, c'est ici que Saïd serait venu s'asseoir.» Elle l'*imagina*, au crépuscule, assis au milieu des autres; laissant couler entre le pouce et l'index les grains de son chapelet.

—Andrée Chedid, extrait du *Sixième jour*, Paris: Julliard, 1960

Lexique français–anglais

This *Lexique* does not contain exact or close cognates, nor does it contain words normally mastered by students in the first two years of French study. Definitions are limited to the contexts in which words are used in this book. Expressions are listed under their key word. In subentries, the symbol ~ is used to indicate the repetition of a key word. A new section called **Connecteurs logiques** appears at the end.

abolir to abolish

abonnement *m.* subscription

aborder to approach; to broach

accorder (s') to agree

accueillant(e) welcoming, hospitable

acquérir: ~ des compétences to acquire skills

actuel(le) current

affaires *f. pl.* business

affaisser (s') to sink, collapse

afficher to display, exhibit

affronter to confront

afin de in order to

agacer to irritate

agent: ~ *m.* **(d') immobilier** real estate agent

aggraver to make more severe

agir to act; **il s'agit de** it's a question of

agressivité *f.* aggressiveness

aide-comptable *m./f.* accountant's assistant

aigu/aiguë sharp, pointed

aiguille: chaussures *f.* **à talons aiguilles** shoes with a narrow heel

ainsi thus

aisance *f.* ease, facility

alimentaire *adj.* relating to food

s'allonger to lie down, stretch out

allumer to light

alors que while

âme *f.* soul

amélioration *f.* improvement

améliorer to improve

amener to bring

amical(e) friendly, warm

amitié *f.* friendship

amortir to cushion; to soften

ancien(ne) former; ancient

angoisse *f.* anxiety

animation: film *m.* **d'~** animated film

antipathique unpleasant

apporter to bring

approvisionnement *m.* supply, provision of supplies

appuyer sur to lean on; to stress, emphasize

argenté(e) silvery

argentin(e) silvery

arrêter (s') to stop

arrière-plan: à l'~ in the background

assaut: à l'~ attacking

assigner to designate

assurance *f.* insurance

assurer to carry out, provide

atelier *m.* workshop

atout *m.* asset

atteindre to attain, reach

attendrir to make tender; to touch

attente *f.* expectation

atténué(e) weakened

attirer to draw, attract

attrayant(e) attractive

aube *f.* dawn

auditeur(-trice) *m./f.* listener

augmenter to increase

autant (de) as many (as)

autour around

autrefois formerly

autrement otherwise

autrui *pron.* others

avantage *m.* advantage

avenir *m.* future

avertissement *m.* warning, caution

aveu *m.* vow, confession

aveugle blind

avis *m.* opinion

avoir: ~ l'air de to seem; **~ vue sur** to overlook

avouer (s') to admit, confess

bafouer to scoff at; to trample

bagarre *f.* struggle, strife

bagnole *f.* car *(fam.)*

balader (se) to take a walk

balancer to balance, weigh

banc *m.* bench, seat

bande *f.* **sonore** sound track

bande-annonce *f.* film trailer

barrer to block

bas(se) low

bâtiment *m.* building

battre to beat

bavard(e) chatty, talkative

bavarder to chat, gossip

besogne *f.* task

bête stupid

bienveillant(e) benevolent, well-meaning, of good will

binoclard *m.* "four eyes"

bond *m.* **en avant** flash forward

border to border; to run alongside (something)

botte *f.* boot

bouillonner to boil, bubble up

bousculer to jostle, shove

bousiller to smash (a car) *(fam.)*

boussole *f.* compass

bout *m.* end

box *m.* (*pl.* **boxes**) storage compartment or container

branlant(e) shaky

brave brave; good, reliable

bref/brève brief, short

brevet *m.* diploma, certificate

briller to shine

brosser to brush; to sketch (a portrait)

bruit *m.* noise

brûler to burn

bruyant(e) noisy

but *m.* goal

c'est-à-dire that is to say

cabane *f.* shack

cabas *m.* sturdy bag with handles to transport groceries

cache-cache: jouer à ~ to play hide and go seek

cadre *m.* frame; executive

canard *m.* duck

cannette *f.* can

capuchon *m.* cap

car because

carrefour *m.* intersection; crossroads

cas *m.* case

cascade *f.* falls, waterfall

centaine *f.* approximately one hundred

cependant however

cerveau *m.* brain (more often used when speaking of the human brain and its capacities)

cervelle *f.* brain (the organ itself); often used to refer to the brain of animals

CGI (imagerie générée par ordinateur) *f.* computer generated image

chaleureux(-euse) warm

champ *m.* field

chandelle *f.* candle; **il vous doit une fière ~** he owes you more than he can repay (you saved his life)

charbon *m.* coal

chargé(e): être ~ de to be in charge of

chariot *m.* cart

charpenté(e) structured

châtiment *m.* punishment, penalty

chaussure: chaussures *f.* **à talons aiguilles** shoes with a narrow heel

chemin *m.* path, pathway, lane

cheminement *m.* line of thought

chômage *m.* unemployment

choquer to shock

choriste *m./f.* member of the chorus

chute *f.* **d'eau** waterfall

ciblé(e) targeted

cinéaste *m./f.* film producer

cinéma: ~ *m.* **d'Art et d'Essai** indie cinema

cirage *m.* shoe polish

circulation *f.* traffic

circuler to circulate; to run

citation *f.* quotation

clair(e) clear, light

clarté *f.* clarity

clément(e) merciful, lenient

climatique: changement *m.* **~** climate change

cocotier *m.* coconut tree

cogner (se) to bang into something

colère *f.* anger, rage

collégien(ne) a student who attends a **collège** (middle school)

colline *f.* hill

comédie: ~ *f.* **de mœurs** comedy of manners

componction *f.* compunction, gravity

connaissance *f.* knowledge; acquaintance

connaissances *f. pl.* knowledge

consacrer (se) (à) to devote (oneself) (to)

conserver to preserve

consommation *f.* consumption

constat *m.* observation

constater to note; to observe; to state

conte *m.* story

conteur(-euse) *m./f.* storyteller

contrebas: en ~ below; down below

convaincre to convince

convenir to suit; to be suitable, appropriate

coquillage *m.* shell, shellfish

corbeille *f.* basket

couche *f.* layer; **trou** *m.* **dans la ~ d'ozone** hole in the ozone layer

couler to flow; to run

coup *m.* **de théâtre** plot twist

coupable guilty

courant(e) current; of this month

courriel *m.* e-mail

covoiturage *m.* carpool

critère *m.* criterion

croiser to cross, pass by

cueillir to gather

cuivre *m.* copper

cultivé(e) cultured

cursus *m.* curriculum

d'abord at first; **tout ~** first of all

daigner to deign to do (something), condescend to do (something)

d'ailleurs moreover, besides

davantage more

déboisement *m.* deforestation

déborder to overflow

déboucher to emerge, open on to

débrouiller (se) to work things out; to get by

déceler to discover, detect

décerner to award (a prize)

décevant(e) disappointing

décevoir to disappoint

déchaîner to unleash

déchets (nucléaires) *m. pl.* (nuclear) waste

déchirer to tear

décidé(e) determined

déclencher to unleash, set off, launch

décliner to decline, abate, fall off, decay

déconcerté(e) embarrassed

découvrir to discover, uncover, learn about

décrocher (un entretien) to land (an interview)

déçu(e) disappointed

défaut *m.* fault

défavorisé(e) deprived, disadvantaged

défendre (de) to forbid

définitive: en ~ in the end; on balance

dégager to disengage; to emit; to release; **se ~** to become clear; to be distinguished

dégoûter to disgust

déguster to savor; to taste a sample

dehors outside

démarche *f.* step, walk

démence *f.* insanity, madness

demeurer to remain, stay; to live

dénoncer to denounce

dénouement *m.* ending, outcome

dénué(e) devoid

dépassé(e) passed, overtaken; overwhelmed

dépêcher (se) to hurry

dépeindre to depict

déplaire (à) to displease

dépolluer to clean up; to decontaminate

dépourvu(e) (de) lacking

déprimé(e) depressed

dérouler (se) to happen, take place

dès starting, beginning; **~ lors que** since, so long as

dès que as soon as

descente *f.* descent

désormais from now on

dessin *m.* **animé** cartoon; animated movie, television show, program

dessous below

dessus above

destinataire *m./f.* receiver

détenteur(-trice) *m./f.* possessor, holder

détraquer (se) to break down

deviner to guess

dévisser to unscrew

dévoiler to reveal

diplôme *m.* degree

diriger to direct

discours *m.* speech

discuter (de) to discuss

disparaître to disappear

disparition: en voie de ~ becoming extinct; disappearing

dispositif *m.* apparatus, device

dissimuler to hide, deceive

distraire to distract

domaine *m.* field, area

domestique *m./f.* domestic servant

donner: ~ la chair de poule to give goose bumps; **~ sur** to overlook

doré(e) golden

dorénavant from now on

doué(e) talented

douteux(-euse) doubtful

doux/douce sweet, soft

dramaturge *m.* dramatist, playwright

dresser (se) to stand on end; to draw oneself up

droit *m.* right

droit: tout ~ straight ahead

ébranler to break

échantillon *m.* sample

échecs *m. pl.* chess
éclaircir to clear up, enlighten
éclater to break out
écolier(-ière) *m./f.* school child
écran *m.* screen; frame
écrémé(e) skim
effectuer to carry out, perform; to cause
effet *m.* effect; ~ **de serre** greenhouse effect; ~ **spécial** special effect
efficace efficient
effrayer (s') to fear
égoïste selfish, egotistical
égratignure *f.* scratch
élastique *m.* rubber band
élevé(e) elevated, high
élever (s') to rise; to arise
éloigner (s') to move away
embrasser to kiss
émeute *f.* riot, rebellion
émissions *f. pl.* **nocives** harmful emissions
émouvoir to touch, move (emotionally)
emparer (s') (de) to take hold of, seize
empêcher to prevent
emploi *m.* job; ~ **du temps** schedule
emporter to take out; to take away
empreinte: ~ *f.* **carbonne** carbon footprint
empressement *m.* eagerness
emprunter to borrow
encadrement *m.* frame
encombré(e) jammed, cluttered
encontre: à l'~ contrary to
endormir (s') to fall asleep
endroit *m.* place
énervé(e) irritated, nervous
enfiler to slip on
enfoncer to drive in
enfuir (s') to flee
enlever to take off
enneigé(e) snow-covered
ennuyer to bore
enregistrer to record
enseigner to teach
ensuite next
entouré(e) enclosed
entourer to surround
entraîner to train; to bring along; to lead to
entreprendre to undertake, try
entretien *m.* interview, conversation; ~ **d'embauche** job interview
entrevoir to foresee, anticipate
envahisseur *m.* invader
envers toward
envisager to envisage; to face

éolien(ne) *adj.* wind-powered
épais(se) narrow, thick
épanouir (s') to develop, grow; to blossom; to flourish
épanouissement *m.* flowering, development
épargné(e) spared
épicé(e) spicy
époque *f.* (period of) time
épreuve *f.* test, trial
éprouver to feel
épuisé(e) exhausted
équipe *f.* team
ériger (s') (contre) to take a stand against
espèce *f. species; type;* ~ **en voie de disparition** endangered species; ~ **d'imbécile!** you idiot!
espiègle mischevious
espionnage *m.* spy
esprit *m.* mind, spirit, wit
essuyer to dry, wipe; to endure
estimer to value, esteem
étaler to spread (out)
état: ~ *m.* **civil** (marital) status
étendre (s') to stretch, spread
étoile: hôtel *m.* **cinq étoiles** top of the line hotel
étonnant(e) surprising
étonner to astonish
étouffer to suffocate
étrangement strangely
étroit(e) narrow
étroitesse *f.* narrowness
éveil *m.* awakening, alert
éveiller to awaken
éviter to avoid
exclure to exclude
exigeant(e) demanding
exorbité(e) bulging
expérience *f.* **(scientifique)** (scientific) experiment
expérimenté(e) experienced
expérimenter to experience
exquis(e) exquisite
extravagance *f.* eccentricity

fabrication *f.* manufacture, production
facultatif(-ive) optional
faible weak
faire: ~ **appel à** to appeal to; ~ **bon ménage** to get on well, be compatible; ~ **peur** to frighten; ~ **penser à** to evoke, cause to think of; ~ **le tri** to sort
falaise *f.* cliff
faute de for lack of
femme: ~ *f.* **de ménage** cleaning woman
fer *m.* iron

feuille *f.* leaf
fier (se) (à) to trust
figer (se) to freeze, stiffen
filer to take off
filet *m.* net
film: ~ *m.* **d'épouvante** horror movie
fin: en ~ de compte when all is said and done
fin(e) finest, sharp, slim, exquisite
fixer to stare at, focus on
flâner to stroll
fleuri(e) covered in flowers
fleuve *m.* river (flowing into a larger body of water)
flux *m.* flow
foi *f.* faith
fois *f.* time
foncé(e) dark
fond *m.* depth; background; bottom; **au** ~ in the back, bottom
force *f.* strength; ~ **est de** one has no choice but to
fossé *m.* ditch; gap
fou/fol/folle crazy
foule *f.* crowd
fourchu(e) with split ends
fournir to furnish
frais *m. pl.* expenses
frais/fraîche fresh
franchir to clear; to get over; to overcome
frayer (se) to clear
frein *m.* brake
friable crumbly
frisé(e) curly
frissonner to shiver
front *m.* forehead
funeste unfortunate; sad
fur: au ~ et à mesure as one goes along
furtivement in secret
fusionner to fuse

gage *m.* token, proof
garçonnet *m.* small boy
garnir *to* stuff, fill
gaspiller to waste
gazon *m.* lawn, turf
geler to be freezing
gênant(e) irritating
gêné(e) awkward, embarrassed
gêner (se) to put oneself out
générique *m.* film credits
génial(e) brilliant
génie *m.* genius
gentillesse *f.* kindness
gérer to manage
geste *m.* gesture

gestion *f.* management
glace *f.* ice
glisser to slip, slide
globuleux(-euse) protruding
gonfler to inflate
goût *m.* taste; sense of taste
goûter to taste
grâce: ~ à thanks to
grêle *f.* hail
gribouillé(e) scrawled
grillé(e) grilled
grimper to climb
gronder to growl, rumble; to be brewing
guérir to heal

haie *f.* bush, hedge
haine *f.* hate
haineux(-euse) hateful
haïr to hate
haletant(e) gripping
harcèlement *m.* harassment
harceler to harass
hasard *m.* luck, chance
haut(e) high, tall
herbe *f.* grass
heurté(e) jerky
hirsute hairy
honteux(-euse) shameful
hors de outside of

ignorer to ignore; to be ignorant of, not to know
il s'agit de it is about
immiscer (s') to interfere
immobilier(-ière) *adj.* housing
impoli(e) impolite
importer to be important, of consequence
imprévu(e) unexpected
inattendu(e) unexpected
inconscient(e) unaware
inconvénient *m.* disadvantage
inculquer to inculcate, teach
inculte uncultivated, uneducated
indemne unharmed
indice *m.* clue; indication
inexperimenté(e) inexperienced
informaticien(ne) *m./f.* computer scientist
informatisé(e) computerized
injuste unfair
inlassablement tirelessly
inquiet(-iète) worried
inquiétant(e) worrisome
insensé(e) crazy; senseless
insolite unusual, strange
insuffler to instill, inject

intégrisme *m.* fundamentalism
interdit(e) forbidden
interlocuteur(-trice) *m./f.* speaker
interpeller to call out to; to shout at
interpréter to play the role of
intrigue *f.* plot; **à ~s** plot with twists and turns
introduire to introduce; to insert

jeter to cast
jeu: en ~ at stake
jouer to act, play a role
juif(-ive) *m./f.* Jewish
justement justly; in fact, simply

klaxon *m.* (car) horn

lac *m.* lake
lâche weak, feeble, cowardly
lâcheté *f.* cowardice
laisser to leave (something); **~ froid(e)/ insensible** to leave cold/unmoved
languir (se) to be languishing
large wide
lecteur(-trice) *m./f.* reader
lecture *f.* reading
léger/légère light
légèrement slightly
lenteur *f.* slowness
lettre: ~ (f). de motivation cover letter
lien *m.* link
lier to tie; **se ~** to become established
lieu *m.* place
locuteur(-trice) *m./f.* speaker
logiciel *m.* software
loi *f.* law
loin: bien ~ de far from
lointain(e) far away
longer to go along (something), walk along (something)
lors at the time of
lorsque when
ludique playful; fun

maçon *m.* mason
maigre thin; meager
maigreur *f.* slender size
maître *m.* master
maladroit(e) clumsy
malin/maligne malevolent, clever, astute
malveillant(e) malicious; ill-willed
maniaque obsessive
manifestation *f.* demonstration
manque *m.* lack
manquer to miss; **~ à** to be missing from; **~ de** to lack
marécage *m.* swamp

marée *f.* tide; **~ basse:** low tide; **~ haute:** high tide; **~ noire** oil spill
marine: bleu ~ navy blue
marquer to mark; to make a mark upon; to display
martèlement *m.* hammering
matière *f.* academic discipline
mécontentement *m.* unhappiness
mêler to mix
même same; very; even
mémoire *m.* thesis
menaçant(e) *adj.* threatening
menacer to threaten
mener to lead
mensonge *m.* lie
mépriser to scorn, disdain
mer *f.* sea
mesurer *(height)* to be (measurement) tall
métier *m.* trade, profession
métrage *m.* footage, length (film); **court ~** short film; **long ~** full-length film
metteur(-euse) en scène *m./f.* (film) director
mettre to put, place; **~ en relief** to bring out, enhance, accentuate; **~ en scène** to produce; **~ en valeur** to highlight, emphasize; to exploit; **~ l'accent sur** to stress
miette *f.* crumb, small bit
mièvre sickly sentimental
milieu *m.* middle; surroundings
mince thin
mine *f.* face, expression
mise *f.* **en scène** production
misogynie *f.* misogyny, dislike of women
mobiquité *f.* digital access anytime, anywhere, on any device
moche ugly, unpleasant
mode: ~ *m.* **en ligne** online mode; **~ hors-ligne** offline mode
moindre least
moins: tout au ~ at the very least
moisson *f.* harvest
moissonner to harvest
mollement gently, weakly
mondialisation *f.* globalization
montage *m.* editing
montée *f.* ascent
moqueur(-euse) mocking
mordre to bite
mouillé(e) wet, dampened
moyen *m.* way; means
mûr(e) mature

natation *f.* swimming
navet *m.* a flop (film, play, etc.)
naviguer: ~ le net to surf the web

ne... aucun not any
néanmoins nevertheless; however
neigeux(-euse) snowy
net/nette clear
névrosé(e) neurotic
nid-de-poule *m.* pot-hole
nier to deny
niveau *m.* level; **~ de vie** standard of living
note *f.* grade
nounou *f.* nanny
nourriture *f.* food
novateur(-trice) innovative
nuageux(-euse) cloudy
nuire (à) to harm

obligatoire required
obscurcir to obscure, darken, overshadow
obtenir (un diplôme) to graduate
occasionner to cause
occuper (s') to be in charge of; to take care of; to busy oneself; **~ des fonctions managériales** to serve as manager
odorat *m.* sense of smell
œuvre *f.* work (of art)
OGM (organisme génétiquement modifié) *m.* GMO (genetically modified organism)
ombre *f.* shadow
opprimer to oppress
orgueilleux(-euse) proud, arrogant
orteil *m.* toe
oser to dare
osseux(-euse) bony
ôter to take off
ouïe *f.* hearing (sense)

pacotille: de ~ cheap
paisible peaceful
palmier *m.* palm tree
panier *m.* basket
panneau *m.* sign
pareil(le) similar
paresseux(-euse) lazy, idle
parfum *m.* flavor; fragrance; scent
part *f.* share, portion; **de ~ en ~** throughout; in its entirety; **d'une ~/ d'autre ~** on the one hand/on the other hand
particulier(-ière) particular; private, special
passer: ~ un examen to take a test
pastiche *m.* imitation
patte *f.* leg
paysan(ne) peasant; farmer
peine *f.* pain, difficulty; **à ~** scarcely

pelouse *f.* lawn, grass
pencher to lean
pénible hard, difficult
percevoir to perceive
permettre to allow
peser to weigh
pétrole *m.* oil
phallocrate *m.* male chauvinist
phare *m.* headlight
piégé(e) booby-trapped
pierre *f.* stone, rock
pimenté(e) spicy
pin *m.* pine tree
piste *f.* trail; clue
place *f.* **de sûreté** area where Protestants were promised safety (during the Wars of Religion)
plaider to plead
plaindre (se) (de) to complain (about)
plaire (à) to please; **se ~ à** to take pleasure in
plan *m.* plan, outline; **au premier ~** in the foreground; **~ d'ensemble** comprehensive plan; **gros ~** close up; **~ rapproché** semi close up
plat(e) flat
plateforme *f.* **de streaming** streaming platform
plongé(e) absorbed
plus: de ~ in addition
pluvieux(-euse) rainy
point: points *m. pl.* **de suspension** ellipses
pointe *f.* point; headland
pointillé: en ~ sporadic
polémique polemical, argumentative
poli(e) polite
politique *f.* policy
porte-bagages *m.* baggage rack
porte-parole *m./f.* spokesman/woman
portière *f.* (car) door
poser to place; **~ sa candidature à** to apply for, run for
poursuivre to pursue, continue, follow up
pourtant however
pousser to push
pré *m.* field
prêcher to preach
précipiter (se) to rush towards
préconiser to advocate, recommend
préjugé *m.* prejudice
prendre: ~ part à to take part in; **~ son temps** to take one's time; **~ une route** to take a road
préparer (un examen) to study (for a test)
présager to portend, augur

preuve *f.* proof
prévoir to foresee
prier to pray
primordial(e) fundamental
pris(e) de overcome by
privé(e) private; **~ de** deprived of
probant(e) convincing
proche near, close
proférer to utter
profond(e) deep
profondeur *f.* depth
progrès *m.* progress
projeter to plan; to project
promener (se) to walk, go for a walk
prôner to advocate, commend
propos: à ~ de about
propre own; clean
publicitaire *adj.* commercial, advertising
publicité *f.* advertising, advertisement
puéril(e) childish, childlike
puisque since, because
puissant(e) powerful

quant à as for
quête *f.* quest, search
quadragénaire *m./f.* forty-year-old
querelle *f.* quarrel, squabble, dispute
quiconque whoever
quinquagénaire *m./f.* fifty-year-old
quitter to leave
quotidien(ne) daily

racine *f.* root
raconter to tell
raisonner to reason
ralentir to slow down
ramener to bring back; to take back
rang *m.* rank; row
rangée *f.* row
rappeler to recall, call back
rapport *m.* report; relationship
rattraper to catch up (with)
ravi(e) delighted
ravissant(e) ravishing, gorgeous
réalisateur(-trice) *m./f.* film director
réalisation *f.* fulfillment
réaliser to complete, achieve; to realize
rebondissement *m.* bounce, rebounding, coming to life
réchauffement: ~ *m.* **de la terre** global warming
recul *m.* backward movement, retreat
rédiger to write up
réduire to reduce

reflet *m.* reflection
régal *m.* delight
regagner to regain
rejet: ~ *m.* **de gaz toxiques** toxic gas emissions
rejoindre to meet up with
rélégué(e) relegated, pushed
relier to tie, connect
remercier to thank
remettre (se) (à) to begin again
renouveau *m.* renewal
renouvelable *adj.* renewable
renverser to tip over; to reverse
renvoyer to send back
répandre (se) to spread
repousser to push away; to repel
reprendre (*pp.* **repris**) to pick up again; to return to (a theme, a point); to claim, retake
reprocher to reproach
résoudre to resolve
respirer to breathe
ressentir to feel
ressortir to bring out; to result, follow
retirer (se) to go out
retour *m.* return
réussi(e) successful; well done; good quality
réussite *f.* success
revanche: en ~ however; on the other hand
réveiller to awaken
révéler to reveal
rêver to dream
rivière *f.* river (not flowing into a larger body of water)
roche *f.* rock
rocher *m.* rock
romancier(-ière) *m./f.* novelist
roquette *f.* arugula
roue *f.* wheel
rouillé(e) rusted
rouler to drive; to roll
rouquin(e) *m./f.* redhead
roux/rousse red-haired
rue *f.* street, road
rusé(e) cunning, crafty, sly
rythmer to submit to a rhythm

sable *m.* sand
saccadé(e) jerky
sage wise, good, well behaved
sagesse *f.* wisdom
saillant(e) jutting out
saint(e) sacred, holy
saisir to seize, perceive
sale dirty, nasty

salopard *m.* jerk (*pejorative*)
salpêtre *m.* saltpeter/potassium nitrate used in rocket propellants
sang *m.* blood
sapin *m.* fir tree
sauvegarder to protect
savoir *m.* knowledge
scénario *m.* script
schéma *m.* scheme, plan, outline
scintiller to sparkle
scripteur(-euse) *m./f.* writer
séduire to seduce
sein: au ~ de in, within
semblable (à) similar (to)
sensible sensitive
sentier *m.* trail, path
sentir bon/mauvais/la forêt to smell good/bad/like the forest
serpenter to snake
serre: effet *m.* **de ~** greenhouse effect
serré(e) tight; dense; close
servir to serve; **~ à** to serve to; to be useful for; **~ de** to function as
serviteur *m.* servant
sève *f.* sap
sexagénaire *m./f.* sixty-year-old
siffler to whistle
soigné(e) careful, cared for
soigneusement carefully
sol *m.* earth, ground
sommet *m.* summit
sorcellerie *f.* witchcraft, sorcery
sot(te) foolish
souci *m.* concern
soucier (se) (de) to care about, concern oneself (with)
souffler to blow
soulagement *m.* relief, comfort
soulier *m.* low-heeled shoe
souligner to underline; to emphasize
sous-développé(e) underdeveloped
soutenir to sustain; to defend; to support
souvenir (se) (de) to remember
spirituel(le) spiritual, intellectual, witty
stage *m.* internship
subir to suffer, be subjected to
suite *f.* continuation, follow-up; **~ à** in response to
suivant(e) following
sujet: à son ~ about it (him, her)
superposé(e) stacked
superposer (se) to place above
supplice *m.* affliction, torment
supporter to tolerate
suppression *f.* elimination
supprimer to eliminate
surnommé(e) nicknamed

surpopulation *f.* overpopulation
surprenant(e) surprising
surprendre to surprise
susciter to arouse, create
suspension: points *m. pl.* **de ~** ellipses

tâche *f.* task
tâcher to try
taille *f.* size
talon: chaussures *f. pl.* **à talons aiguilles** shoes with a narrow heel
tandis que while
tanguer to pitch; to reel
tanné(e) weather beaten
tant so (much), as much (many)
tant (de) so (much, many)
tel/telle (un/une) such (a)
témoignage *m.* testimony, testimonial
témoigner to witness; to testify; to bear witness (to)
témoin *m.* witness
temple *m.* Protestant church
tentative *f.* attempt, trial
tenter to attempt; to try
terminal(e) final
tierce: ~ collision *f.* third party insurance
titubant(e) staggering
tituber to stagger
titulaire holder
tôle *f.* sheet metal
tongs *f. pl.* flip flops
tordre to twist
toucher *m.* sense of touch
tout: ~ au moins at the very least
toutefois however, nevertheless
trahir to betray
trait *m.* characteristic, feature, trait
traiter to treat, talk about, deal with
transport *m.* transportation; **~ en commun** public transportation
travail: ~ *m.* **en équipe** teamwork
travailler: ~ en équipe to work in teams
traverser to cross
trentainaire *m./f.* thirty-year-old
trentaine *f.* around thirty years old
tri *m.* sorting; **faire le ~ des déchets** to sort out wastes
tricot *m.* knitting
trier (les déchets) to sort out (wastes)
tronc *m.* trunk
trou: ~ *m.* **dans la couche d'ozone** hole in the ozone layer
troué(e) full of holes
tuerie *f.* killing

unir to unite

vague *f.* wave; **Nouvelle Vague** New Wave

vallon *m.* small valley, vale

vapeur: à la ~ steamed

veiller to watch over; to be careful

vélo *m.* bicycle

vénérer to venerate

verdâtre greenish

verdoyant(e) green with vegetation

verglacé(e) icy

verre *m.* glass

vers *m.* verse; line of poetry

vidéo: ~ *f.* **à la demande (VàD)** video-on-demand; **~ à la demande par abonnement (VADA ou SVod)** subscription video-on-demand

vieillard(e) *m./f.* old person

vif(-ive) lively

vigueur: être en ~ to be in force, be in use

vitrine *f.* (store) window

voie: en ~ de disparition endangered; disappearing; **en ~ de développement** developing

voix *f.* voice; **~ off** off-screen voice

volant *m.* steering wheel

voler to steal; to fly

volonté *f.* will

volontiers willingly

vouloir: en ~ à to blame

voulu(e) requisite, required

vraisemblable realistic

vue *f.* view; sense of sight

Connecteurs logiques

alors que while, when

certes admittedly, of course, to be sure

d'un côté... de l'autre on the one hand . . . on the other

d'une part... d'autre part on one hand . . . on the other

en dépit de despite

en outre apart from, as well as, in addition to

en raison de on account of (something)

en revanche on the other hand

en somme in short, to sum it up

étant donné que given that

grâce à by means of (something), because of (something/someone)

malgré despite, in spite of

néanmoins nevertheless, nonetheless, however

par suite de as a result of

pourvu que + (subjonctif) let's hope . . .

puisque since, because, as

quoique although, even though

tandis que while, when

Notes

Notes

Notes

Notes

Notes

Notes

Notes

Notes

Notes